CLV

Meinen Kindern
Christian, Laura, Markus, Julia, Sophia und Emilia.
Mögen sie erfahren, dass es wahr ist,
was auf der letzten Seite dieses Büchleins steht:

When a man he serves the Lord,
It makes his life worthwhile
It don't matter 'bout his position,
It don't matter 'bout his lifestyle

Alois Wagner

Die Zukunft hat begonnen

clv

Christliche
Literatur-Verbreitung e.V.
Postfach 11 01 35 · 33661 Bielefeld

1. Auflage 1991
2. überarbeitete Auflage 2006

Christliche Literatur-Verbreitung
Postfach 110135 · 33661 Bielefeld
Umschlag: OTTENDESIGN.de, Gummersbach
Satz: CLV
Druck und Bindung: Ebner & Spiegel, Ulm

ISBN 3-89397-158-0

Inhaltsverzeichnis

Vorwort 7
Kapitel 1:
Falsche und wahre Prophetie 9
Kapitel 2:
Die »zweite Bergpredigt« – das Zeichen Seiner Ankunft 35
Kapitel 3:
Der Anfang der Wehen 45
Kapitel 4:
Der Gräuel der Verwüstung – die Masken fallen 71
Kapitel 5:
Die Große Drangsal 85
Kapitel 6:
Harmagedon 105
Kapitel 7:
Was tun? 115

Vorwort

Ich danke unserem Gott, dass dieses inzwischen länger vergriffene kleine Büchlein seit seinem Erscheinen vor 15 Jahren etlichen zum Segen sein durfte. Trotz weit umfangreicherer und meines Erachtens wesentlich kompetenterer Neuerscheinungen zum selben Thema in den letzten Jahren hielt die Nachfrage nach diesem Buch weiter an, so dass sich der Verlag entschloss, es nach leichter Überarbeitung neu aufzulegen. Mein Trost dabei ist, dass der Apostel Paulus den gerade erst gläubig gewordenen Christen von Thessalonich trotz (oder wegen?) ihrer geistlichen Jugend viel und gründlich über Prophetie und die Wiederkunft des Herrn schreibt. Meine Hoffnung ist, dass wie die Thessalonicherbriefe einen entscheidenden Beitrag leisten, so auch dieses Büchlein einen bescheidenen Beitrag dazu leisten möge, den eigentlichen Sinn unseres Lebens nicht aus den Augen zu verlieren, nämlich »dem lebendigen und wahren Gott zu dienen und seinen Sohn aus den Himmeln zu erwarten – Jesus, der uns errettet von dem kommenden Zorn« (1Thess 1,9-10). Dafür bete ich.

KAPITEL 1

Falsche und wahre Prophetie

Ein Boom für Nostradamus – Golfkrieg macht prophetische Bücher zu Rennern überschreibt die Münchener »tz« einen Artikel vom 20. Februar 1991 und erklärt: *Seit sich die Angst vor der Eskalation des Golfkriegs zu einer panischen Endzeitstimmung aufgeschaukelt hat, erleben die Bücher mit den unheilschwangeren Zukunftsvisionen berühmter Propheten und Hellseher einen regelrechten Boom – Nostradamus als Bestsellerautor.*

Der ist der beste Prophet, der am besten zu raten versteht.

Griechisches Sprichwort

Die klügsten Propheten warten erst die Ereignisse ab.

Horace Walpole (1717-1797)

Denn der Herr, Jahwe, tut nichts, es sei denn, dass er sein Geheimnis seinen Knechten, den Propheten, geoffenbart habe.

Amos 3,7

Denn wir haben euch die Macht und Ankunft unseres Herrn Jesus Christus nicht kundgetan, indem wir künstlich erdichteten Mythen folgten.

2. Petrus 1,16

Angesichts weltweiter Krisen, Bedrohungen und Naturkatastrophen war unsere Haltung im politisch stabilen und wirtschaftlich wohlhabenden Westeuropa – zumindest bis vor 20 Jahren – meist die der Bürger in Goethes *Faust I*:

Nichts Bessers weiß ich mir an Sonn- und Feiertagen,
als ein Gespräch von Krieg und Kriegsgeschrei,
wenn hinten, weit, in der Türkei,
die Völker aufeinander schlagen.

Man steht am Fenster, trinkt sein Gläschen aus
und sieht den Fluss hinab die bunten Schiffe gleiten;
dann kehrt man abends froh nach Haus
und segnet Fried und Friedenszeiten –

Herr Nachbar, ja! so lass ich's auch geschehn:
Sie mögen sich die Köpfe spalten,
mag alles durcheinander gehn;
doch nur zu Hause bleibt's beim Alten.

Aber die große Frage ist, ob alles »beim Alten« bleiben wird. Die so oft genannten Zahlen und Fakten können nämlich nicht ausdrücken, mit wie viel Bitterkeit, Leid und kaum erträglichen physischen und psychischen Schmerzen Milliarden von Einzelpersonen jeden neuen Tag aufstehen und sich am Abend niederlegen. Wir können nur erahnen, wie sich täglich in Milliarden von Herzen und Hirnen eine hochexplosive Masse abgrundtiefen Hasses aufbaut, bereit, gegen alle und jeden tatsächlichen oder vermeintlichen Verursacher ihrer Leiden mit grausam entfesselter Energie loszuschlagen. Das kann unkontrolliert geschehen, in gegenseitiger Vernichtung, oder kontrolliert und gelenkt von skrupellosen Tyrannen, die diese Hass-Energie für eigene Zwecke kanalisieren, bereit, dabei den eigenen Untergang mit in Kauf zu nehmen, solange nur möglichst viele oder alle in diesen Untergang mit hineingerissen werden.

Zudem können wir Krieg, Terror und Naturkatastrophen nicht mehr wie früher aus sicherer Entfernung genüsslich durchs (Fernseh-)»Fenster« beobachten, nein, sie sind uns in den letzten Jahren erschreckend nahe gerückt. Und ganz von selbst drängt sich dann die Frage auf, ob Hoffnung besteht, dass es irgendwie »weitergeht«, und wenn ja, wie, und wie begründet diese Hoffnung ist.

Gibt es irgendeine Kompetenz, eine Autorität, die mit Gewissheit Aussagen über den zukünftigen Gang der Weltgeschichte und unseres Lebens machen kann? Gibt es so etwas wie echte Prophetie? Auf diese Frage versuchen wir im Folgenden zu antworten.

Immer, wenn Kriege und Naturkatastrophen – und in jüngerer Zeit Akte globalen Terrors – für unseren Geschmack zu übermächtig und unkontrollierbar werden, und vor allem wenn sie uns gefährlich nahe kommen und in unsere sicher geglaubten Urlaubsparadiese und gar Nachbar- und Heimatländer eindringen, wollen die verunsicherten Menschen wissen, wie es weitergeht. Krisenzeiten, könnte man zynisch feststellen, sind für den Buch- und Medienkonsum nicht unbedingt die schlechtesten. Hier scheint das Geschäft mit der Angst zu florieren. Doch ist all diesen »Propheten« und »Wahrsagern« eines gemeinsam: Es lässt sich leider immer erst hinterher feststellen, ob sie wirklich Recht haben oder nicht, und dann auch immer nur dahingehend, dass aus einer Fülle von sehr allgemein gehaltenen (Vor-)Aussagen mit einiger Phantasie eine oder sehr wenige mit dem tatsächlichen Geschehen zur Deckung gebracht werden können. Bei den übrigen 95% seiner Vor-Aussagen hat sich der Herr Prophet halt geirrt, und die werden von einer wohlmeinenden Hörer- oder Leserschaft gnädig vergessen und verdrängt, aber die wenigen (Zufalls-?)Treffer prägen sich ins Bewusstsein ein und geben dem Wahrsager den Stempel der Echtheit. Es ist wie bei der Lotterie, wo über die wenigen Hauptgewinner immer wieder marktschreierisch berichtet wird, um den Millionen von leer ausgegangenen Mitspielern (meist mit Erfolg) einzusuggerieren, dass es im Grunde genommen nur Gewinner geben kann.

Letztendlich sind bei *dieser* Sorte von »Propheten« doch die eingangs erwähnten Zitate zutreffend, wonach die besten unter ihnen die sind, *die am besten zu raten verstehen* und die klügsten unter ihnen *erst die Ereignisse abwarten.* Gibt es dann überhaupt keine *echte* Prophetie, und ist dies nur ein Gebiet für verängstigte und verunsicherte Zeitgenossen, die sich für ihre Gegenwarts- und Zukunftsangst literarische Rechtfertigung erhoffen?

Ich bin überzeugt, dass deutlich gezeigt werden kann, dass die Prophetie der Bibel auf ganz anderer Grundlage steht. Sie behauptet von sich, echte und meist detaillierte und konkrete Vor-Aussagen über die Zukunft zu machen, die nachprüfbar sind; sie fordert selbst zur Nachprüfung ihrer Glaubwürdigkeit auf und hält dieser auch eindeutig stand.

Unmissverständlich wird schon zu Anfang der Bibel zwischen echten und falschen Propheten unterschieden – Letztere sind offensichtlich keine neue Erscheinung der letzten Jahrzehnte oder Jahrhunderte:

Einen Propheten aus deiner Mitte, aus deinen Brüdern, gleich mir, wird Jahwe, dein Gott, dir erwecken; auf ihn sollt ihr hören. ... Und es soll geschehen, der Mann, der nicht hört auf meine Worte, die er in meinem Namen reden wird, von dem werde ich es fordern. Doch der Prophet, der sich vermessen wird, in meinem Namen ein Wort zu reden, das ich ihm nicht geboten habe zu reden, oder der im Namen anderer Götter reden wird: selbiger Prophet soll sterben (5. Mose 18,15.19-20). Und das Testmittel wird gleich dazu geliefert: *Und wenn du in deinem Herzen sprichst: Wie sollen wir das Wort erkennen, das Jahwe nicht geredet hat? – Wenn der Prophet im Namen Jahwes redet, und das Wort geschieht nicht und trifft nicht ein, so ist das das Wort, welches Jahwe nicht geredet hat; mit Vermessenheit hat der Prophet es geredet; du sollst dich nicht vor ihm fürchten* (5. Mose 18,21-22).

Das ist ein klarer Test, ein eindeutiger Prüfstein für echte Prophetie. Die Voraussage des Propheten musste in allen Details eintreffen, oder aber sein Schicksal war besiegelt – eine harte, aber verständliche und wirksame Barriere gegen die Verführung der Bürger eines Staates.

Die Bibel ist voll von großenteils detaillierten Voraussagen auch über geschichtliche Ereignisse, von denen sich viele bereits erfüllt haben und deshalb auch auf ihre hundertprozentige Übereinstimmung mit den oft Jahrhunderte zuvor gemachten prophetischen Voraussagen überprüft werden können. Als eindrucksvolles Beispiel findet sich im Folgenden die im 6. Jh. vor Christus von dem am babylonischen und dann persischen Königshof lebenden Staatsmann Daniel gemachte Prophezeiung über die mehr als 150 Jahre dauernden Diadochenkämpfe (vom Ende des 4. bis Mitte des 2. Jh. v.Chr.), die sich hauptsächlich auf dem Gebiet Palästinas abspielten. Die linke Spalte enthält jeweils den unveränderten Bibeltext (rev. Elberfelder), die rechte einen kurzen Abriss der geschichtlichen Ereignisse, wie er sich in einer Zeittafel zur Geschichte finden würde.

Daniel 11,1-35

Vers 1:
Und ich – im ersten Jahr des Meders Darius war es meine Aufgabe, ihm Helfer und Schutz zu sein.

Vers 2a:
Und nun will ich dir die Wahrheit mitteilen: Siehe, noch **drei Könige** werden **in Persien** aufstehen, und **der vierte** wird größeren Reichtum erlangen als alle.

539-465 v.Chr.
Herrscher im persischen Reich:
Kyros der Große (539-529)
vgl. 2Chr 36,22.23; Esr 1,1.2.7.8; 3,7; 4,3.5; 5,13.14.17; 6,3.14; Jes 44,28; 45,1; Dan 1,21; 6,29; 10,1
Kambyses (528-522), erobert Ägypten (dazwischen 7 Monate der Betrüger Gaumata, hier nicht erwähnt)

Dareios I. Hystaspes (521-486)
vgl. Esr 4,5; 5,5-7; 6,1.13-15; Hag 1,1.15; 2,10; Sach 1,1.7; 7,1
Xerxes I. Ahasveros (485-465)
vgl. das ganze Buch Ester und Esr 4,6

Vers 2b:
Und wenn er durch seinen Reichtum mächtig geworden ist, wird **er** alles gegen das Königreich Griechenland aufbieten.

490-479 v.Chr.
Schon **Dareios I.** griff die Griechen an (Schlacht bei Marathon 490). **Xerxes** musste diesen Versuch mit einer Niederlage beenden (Schlachten bei den Thermopylen 480, Salamis 480, Plataiai und Mykale 479).

465-330 v.Chr.
Daniel schweigt über die weiteren persischen Könige:
Artaxerxes I. Artasasta (465-424)
vgl. Esr 4,7.8.11.23; 7,1.7.11.12.21; 8,1; Neh 2,1; 13,6
Dareios II. (424-405)
vgl. Neh 12,22
Artaxerxes II. (404-358)
Artaxerxes III. (358-338)
Arses (338-336)
Dareios III. (336-330)
vgl. den »Widder« von Dan 8,6.7

Vers 3:
Und ein tapferer König wird aufstehen, und er wird mit großer Macht herrschen und nach seinem Belieben handeln.

324-323 v.Chr.
Der berühmte Eroberungszug Alexanders des Großen (Schlachten am Granikos 334; bei Issos 333; bei Gaugamela 331)
vgl. Dan 8,5-21; Sach 9,1-8
Alexander stirbt am 13.6.323 in Babylon an Fieber.

Vers 4:
Aber sobald er aufgetreten ist, wird sein Königreich zertrümmert und nach den

323-301 v.Chr.
Nach dem Tod Alexanders zerbricht das Reich (vgl. Dan 8,8). Bei blutigen Kämpfen zwischen seinen Generälen kommen auch alle

vier Winden des Himmels hin zerteilt werden. Doch nicht für seine Nachkommen [wird es sein] und nicht der Macht entsprechend, mit der er geherrscht hat; denn sein Königreich wird zerstört und anderen zuteil werden, unter Ausschluss von jenen.

seine Kinder und Blutsverwandten ums Leben. Der Versuch des Antigonos, das Gesamtreich zu erneuern, scheitert nach anfänglichen Erfolgen mit seinem Tod bei Ipos 301. Nach dieser Schlacht entstehen vier Nachfolgereiche (vgl. Dan 7,6; 8,8):
- Lysimachos (Thrakien, Kleinasien)
- Kassander (Mazedonien, Achaja)
- Ptolemaios (Ägypten)
- Seleukos (Mesopotamien-Persien)

Vers 5:
Und der *König des Südens* wird mächtig werden, aber [auch einer] von seinen Obersten, und **der** wird mächtig sein über ihn hinaus und wird herrschen, seine Herrschaft wird eine **große Herrschaft** sein.

312-301 v.Chr.
Ptolemaios I. Soter (323-284) kann seine ägyptische Herrschaft am schnellsten konsolidieren. Der General **Seleukos I.,** 312 von Antigonos aus Babylon vertrieben, erobert für ihn zunächst Palästina. Dann gewinnt er für sich selbst Babylon zurück. 301 behauptet er das Gebiet zwischen Nordsyrien und Indien und gründet die **Seleukiden-Dynastie.**

Vers 6a:
Und nach Jahren werden sie sich verbünden; und die *Tochter des Königs des Südens* wird zum **König des Nordens** kommen, um ein Abkommen zu treffen.

301-249 v.Chr.
Da 301 Palästina den Seleukiden zugesprochen wird, aber von Ptolemaios I. besetzt ist, gibt es in der zweiten Generation zwischen *Ptolemaios II. (284-246)* und **Antiochos I. (280-261)** mehrere Kriege. Sie sollen beendet werden durch eine Heirat des **Antiochos II. (261-246)** mit der Tochter des Ptolemaios II., *Berenike.* Dazu muss Antiochos II. aber seine erste Frau, Laodike, verstoßen.

Vers 6b:
Aber *sie* wird die Kraft des Armes nicht behalten, und auch **er** und sein Arm werden nicht bestehen. Und sie wird dahingegeben werden, sie und die sie

246 v.Chr.
Nach dem Tod des Ptolemaios II. nähert sich Antiochos II. wieder seiner ehemaligen Frau Laodike, wird aber von ihr aus Rache vergiftet. *Berenike und ihr Sohn* werden umgebracht, ebenso ihr ägyptisches Gefolge. Seleukos II. Kallinikos (246-226) wird König.

kommen ließen, und der, *der sie gezeugt,* und der, der sie [zur Frau] genommen hat in [jenen] Zeiten.

Vers 7:

Und aus dem *Spross ihrer Wurzeln steht einer* an seiner Stelle auf. Der wird gegen die Heeresmacht kommen und wird in die Festungen des Königs des Nordens eindringen und mit ihnen [nach Belieben] verfahren und wird sich als mächtig erweisen.

246-245 v.Chr.

Rachekrieg des Bruders der Berenike, *Ptolemaios III. Euergetes (246-221)* gegen **Seleukos II.** Er erobert zuerst Seleukia, den Hafen Antiochias (vgl. Apg 13,4), der lange in ägyptischem Besitz bleibt, und dann auch Antiochia selbst. Seleukos II. verliert schließlich ganz Nordsyrien.

Vers 8:

Auch wird *er* ihre Götter samt ihren gegossenen Bildern und ihren kostbaren Geräten, Silber und Gold, nach Ägypten entführen. Und er wird [einige] Jahre ablassen vom König des Nordens.

245 v.Chr.

Rückkehr von *Ptolemaios III.* mit gewaltiger Beute aus Syrien und vielleicht auch aus Babylon. Unter der Beute sind die einst von Kambyses II. geraubten Götterbilder der ägyptischen Pharaonen, die mit großem Pomp zurücktransportiert werden.

Vers 9:

Und der wird in das Reich *des Königs des Südens* kommen, aber [wieder] in sein Land zurückkehren.

242-240 v.Chr.

Seleukos II. erobert Nordsyrien teilweise zurück, wird aber dann nach einem Einfall im Süden von *Ptolemaios III.* erneut aus Palästina und Syrien verdrängt.

Vers 10:

Aber **seine Söhne** werden sich [zum Krieg] rüsten und eine Menge großer Heere zusammenbringen; und **sie** wird kommen, kommen

226-218 v.Chr.

Seleukos III. Keraunos (226-223) und sein Bruder **Antiochos III. der Große (223-187)** beginnen den Rückeroberungskrieg. Antiochos besetzt 221 ägyptisch-kilikische Gebiete. 220 schlägt er Aufständische des me-

und überschwemmen und überfluten und wird [dann] umkehren. Und sie werden sich [wieder] rüsten [zum Vormarsch] bis zu seiner Festung.

dischen Satrapen Melon nieder und erobert die Küste Phöniziens bis Akko zurück. Darauf wendet **er** sich gegen Rabbath-Ammon, schließlich besetzt er den Küstenstreifen von Akko bis Gaza und Raphia. Vorbereitungen des Marsches ins Nildelta.

Vers 11:
Und der *König des Südens* wird zornig werden und wird ausziehen und gegen ihn, den **König des Nordens**, kämpfen. Und er wird eine große Menge [Truppen] aufstellen, aber die Menge wird in seine Hand gegeben werden.

217 v.Chr.
Beschreibung der Schlacht von Raphia. In einem Verzweiflungskampf besiegt *Ptolemaios IV. Tryphon (221-203)* das gewaltige Heer des **Antiochos III.** vernichtend. Antiochos muss das schon eroberte Palästina wieder aufgeben und wendet sich anderen Gefahrenstellen seines Reiches zu.

Vers 12:
Und wenn die Menge weggenommen wird, wird *sein Herz* sich erheben; und *er* wird Zehntausende niederwerfen, aber nicht mächtig bleiben.

217-205 v.Chr.
Ptolemaios IV. nutzt seinen Sieg nicht aus und begnügt sich mit einem Waffenstillstand. Antiochos III. gewinnt in mehreren Kriegszügen das südliche Kleinasien mit Ausnahme Pergamons und den Osten bis an die Grenze Indiens zurück (»der Große«).

Vers 13:
Und **der König des Nordens** wird wiederkommen und eine Menge [Truppen] aufstellen, größer als die frühere; und nach Ablauf der Zeiten, nach Jahren, wird er mit einem großen Heer und mit großer Ausrüstung kommen.

205-202 v.Chr.
Nach dem Tod Ptolemaios' IV. erneuter Aufmarsch von **Antiochos III.** gegen Ägypten. Ptolemaios V. Epiphanes (205-181) ist ein sechsjähriger Knabe. Von Indien hat Antiochos Kriegselefanten mitgebracht, was sein Heer noch beeindruckender erscheinen lässt.

Vers 14:
Und in jenen Zeiten wer-

205-202 v.Chr.
Thronwirren beim Regierungsantritt des

den viele gegen den *König des Südens* aufstehen; und ***Gewalttätige deines Volkes*** werden sich erheben, um das Gesicht zu erfüllen, und sie werden zu Fall kommen.

Ptolemaios V. In Jerusalem unterstützen hellenisierende Juden, Anhänger des ***Tobias*** und seiner Söhne, vermutlich Gegner des Hohenpriesters ***Onias,*** den Antiochos III. Sie werden aber durch die ***Gesetzestreuen*** mit Gewalt ausgeschaltet.

Vers 15:

Und **der König des Nordens** wird kommen und einen Wall aufschütten und eine befestigte Stadt einnehmen. Und die *Streitkräfte des Südens* werden nicht standhalten, selbst sein auserlesenes Volk nicht. Sie werden keine Kraft haben standzuhalten.

201-198 v.Chr.

Der griechisch-äthiopische Feldherr *Skopas,* im Dienst von *Ptolemaios V.*, wird bei Panias, dem späteren Cäsarea Philippi, geschlagen und zieht mit dem Rest seines Heeres nach Sidon zurück. **Antiochos III.** belagert die Festung und kann sie 198 allen Entsatzversuchen zum Trotz auch einnehmen.

Vers 16:

Und der, **der gegen ihn gekommen ist,** wird nach seinem Belieben handeln, und niemand kann vor ihm bestehen. Und im ***Land der Zierde*** wird er [mit seinem Heer] stehen, und Vernichtung wird in seiner Hand sein.

198 v.Chr.

Antiochos III. der Große erobert Palästina endgültig für das Seleukidenreich. Er bestätigt zwar großzügig alle ***jüdischen Privilegien*** hinsichtlich des freien Gottesdienstes, doch nimmt die Hellenisierung unter den Juden stark zu.

Vers 17:

Und **er** wird sein Angesicht darauf richten, in den Besitz *seines ganzen Reiches zu* kommen, und wird mit ihm ein Abkommen treffen, und eine **Tochter** von

197 v.Chr.

Antiochos III. verheiratet **Kleopatra I.,** seine Tochter, mit *Ptolemaios V.* Er hofft, dadurch in *Ägypten* Einfluss nehmen zu können. Aber Kleopatra I. ergreift leidenschaftlich die Partei ihrer neuen Heimat gegen den eigenen Vater. Sie wird so zum Rückgrat der ägyptischen [seinen] Frauen wird er ihm geben, um es zu verderben. Aber das wird keinen Bestand haben, und es wird ihm nicht gelingen.

Politik im Kampf gegen die Seleukiden bis zu ihrem Tod im Jahr 173.

Vers 18:

Und **er** wird sein Angesicht zu den Inseln wenden und viele einnehmen. Aber ein Feldherr wird seinem Schmähen ein Ende machen; mit einem Fluch wird er ihm sein Schmähen zurückzahlen.

197-189 v.Chr.

Antiochos III. greift die Küste Kleinasiens an und besetzt Thrakien. Pergamon und Rhodos rufen Rom zu Hilfe. Gegen den Rat Hannibals setzt Antiochos nach Griechenland über und wird prompt bei den Thermopylen besiegt. Schließlich unterliegt er auch bei Magnesia dem Lucius C. Scipio Asiaticus. Er muss nach dem Frieden von Apamea gewaltige Tribute aufbringen, Kleinasien räumen und Geiseln nach Rom schicken, darunter auch seinen Sohn.

Vers 19:

Und **er** wird sein Angesicht den Festungen seines Landes zuwenden und wird stürzen und fallen und nicht [mehr] zu finden sein.

189-187 v.Chr.

Um die Tribute für Rom aufzubringen, muss **Antiochos III.** sogar die eigenen Tempel plündern. Bei einem solchen Plünderungsversuch wird er von aufgebrachten Einwohnern der Stadt Elymais in Luristan erschlagen.

Vers 20:

Und es wird an seiner Stelle **jemand** aufstehen, der einen **Eintreiber** [von Abgaben] durch die ***Herrlichkeit des Königreichs*** ziehen lässt; aber in wenigen Tagen wird er zerschmettert werden, und zwar weder durch Zorn noch durch Krieg.

187-175 v.Chr.

Auch **Seleukos IV. Philopator (187-175)** muss durch Plünderung die römischen Tribute aufbringen. Ein solcher Versuch seines Ministers in ***Jerusalem*** misslingt. Später löst **Seleukos IV.** seinen Bruder Antiochos gegen den eigenen Sohn aus, wird aber kurz danach von Heliodor umgebracht. Dies macht den Weg frei für Antiochos IV.

Vers 21:

Und an seiner Stelle wird

175 v.Chr.

Antiochos IV. Epiphanes (175-164) erobert

ein **Verachteter** aufstehen, auf den man nicht die Würde des Königtums legen wird; und er wird unversehens kommen und sich durch Heucheleien des Königtums bemächtigen.

mit Hilfe von Söldnern das Reich seines ermordeten Bruders. Dabei umgeht er die Thronfolge seines Neffen **Demetrios**, der für ihn in Rom als Geisel lebt. Auch andere Intrigen aller Art begleiten seinen Regierungsantritt.

Vers 22:
Und die heranflutenden Streitkräfte werden **vor ihm** weggeschwemmt und zertrümmert werden, ja sogar ein ***Fürst des Bundes.***

175-174 v.Chr.
Antiochos IV. greift in den Streit um das Hohepriesteramt ein, wo sich der gesetzestreue ***Onias III.*** und der griechenfreundliche Jason bekämpfen.

Vers 23:
Denn nachdem **er** sich mit ***ihm*** verbündet hat, wird er betrügerisch handeln und wird hinaufziehen und mit wenig Volk Macht gewinnen.

174 v.Chr.
Antiochos IV., durch die Händel in ***Jerusalem*** begünstigt, kann Onias ohne große Mühe absetzen und Jason zum Hohenpriester machen, zumal dieser ihm Geld verspricht.

Vers 24:
Unversehens wird **er** in die fetten Gegenden einer ***Provinz*** eindringen und tun, was weder seine Väter noch die Väter seiner Väter getan haben: Raub und Plündergut und Besitz wird er ihnen austeilen, und gegen Festungen plant er seine Anschläge, doch [nur] eine Zeit lang.

174-170 v.Chr.
Antiochos IV. plündert die Provinzen schamlos aus. In ***Jerusalem*** ersetzt er Jason durch Menelaos. Auch dieser verspricht ihm Geld. 170 wird Onias III. in Antiochia ermordet, was wegen der Verletzung des Asylrechts allgemein Empörung auslöst.

Vers 25:
Und mit einem großen Heer wird **er** seine Kraft

170-169 v.Chr.
Nach dem Tod seiner Schwester Kleopatra I. und der vollen Regierungsübernahme des

und seinen Mut gegen den *König des Südens* aufbieten. Und [auch] der König des Südens wird sich mit einem großen und überaus starken Heer zum Krieg rüsten. Aber er wird nicht standhalten, denn man wird Anschläge gegen ihn planen.

Ptolemaios VI. Philometor (181-145) tritt **Antiochos IV.** in Ägypten als Verteidiger der Rechte übergangener Verwandter auf. Zunächst gelingt es ihm, die streitenden Parteien gegeneinander auszuspielen und den Ägyptern bei Pelusion eine Niederlage beizubringen.

Vers 26:
Und die, die *seine* Tafelkost essen, werden ihn zerbrechen; und **sein** Heer flutet [auseinander], und viele werden erschlagen fallen.

169 v.Chr.
Ptolemaios VI. fällt nach dieser Niederlage durch Verrat eigener Leute seinem Onkel Antiochos IV. in die Hände. Darauf wird in dem nicht eroberten Alexandria Ptolemaios VII., sein jüngerer Bruder, zum König ausgerufen, während **Antiochos'** Heer Ägypten plündert.

Vers 27:
Und die **beiden** *Könige*: ihre Herzen [werden] auf Bosheit [bedacht sein], und an einem Tisch werden sie Lügen reden. Aber es wird nicht gelingen, denn das Ende [verzögert sich] noch bis zur bestimmten Zeit.

169 v.Chr.
Nun ergreift **Antiochos IV.** die Partei seines abgesetzten *Neffen.* Dieser jedoch verhandelt insgeheim mit seinem Bruder Ptolemaios VII., um sich gemeinsam mit ihm ihres Onkels Antiochos IV. entledigen zu können.

Vers 28:
Und **er** wird mit großem Reichtum in sein Land zurückkehren, und sein Herz wird gegen den ***heiligen Bund*** [gerichtet] sein; und er wird [entsprechend] handeln und in sein Land zurückkehren.

169 v.Chr.
Syrische Aufstände zwingen **Antiochos IV.** noch einmal zum Rückzug. Dabei plündert er erneut ***Jerusalem*** (1. Makkabäer 1,21-29; 2. Makkabäer 5,11-21) und versucht, seine hellenisierenden Freunde gegenüber den Gesetzestreuen in ihrer Position zu stärken (1. Makkabäer 1,43-56; 2. Makkabäer 6,1-7).

Vers 29:
Zur bestimmten Zeit wird **er** wieder nach *Süden* ziehen, aber es wird beim zweiten Mal nicht [so] sein wie beim ersten Mal.

168 v.Chr.
Da sich die beiden *ägyptischen Brüder* geeinigt haben, unternimmt **Antiochos IV.** einen neuen Feldzug ins Niltal und belagert die Ägypter in Alexandria.

Vers 30:
Denn Schiffe aus Kittim werden gegen ihn kommen. Und er wird verzagen und umkehren; aber er wird den ***heiligen Bund*** verfluchen und [entsprechend] handeln: er wird umkehren und sein Augenmerk auf die richten, die den heiligen Bund verlassen.

168 v.Chr.
Nun greifen die Römer ein. Der Feldherr Gajus Papillus Laenas stellt ihm ein befristetes Ultimatum zum Verlassen Ägyptens. **Antiochos IV.** kehrt gedemütigt heim. In der Folge aber ließ er all seinen Grimm an den ***Juden*** aus. Dabei war ihm die abtrünnige Partei der Juden wieder sehr von Nutzen.

Vers 31:
Und Streitkräfte **von ihm** werden dastehen; und sie werden das ***Heiligtum,*** die Bergfeste entweihen und werden das regelmäßige [Opfer] abschaffen und den verwüstenden Gräuel aufstellen.

168-167 v.Chr.
Beim Rückmarsch durch Palästina verwandelt **Antiochos IV.** den ***Tempel*** in Jerusalem in einen Zeus-Tempel. Der Opferdienst wird abgeschafft, der Brandopferaltar zu einem Zeus-Altar umfunktioniert und ein Standbild des Zeus mit den Gesichtszügen von Antiochos IV. aufgestellt.

Vers 32:
Und diejenigen, die sich am Bund schuldig machen, wird er durch glatte Worte zum Abfall verleiten. Aber das ***Volk, das seinen Gott kennt,*** wird sich stark erweisen und entsprechend handeln.

166-142 v.Chr.
Antiochos IV. versucht nicht nur durch Gewalt, sondern auch durch Verführung (vgl. 1. Makkabäer 2,18; 2. Makkabäer 7,24) die Juden abtrünnig zu machen. Es gab aber in Israel eine große Anzahl ***Juden,*** die auch in der größten Not dem Gott ihrer Väter die ***Treue halten wollten***. Der Priester Mattathias aus dem Städtchen Modein eröffnete mit seinen fünf Söhnen, darunter die späteren Führer Judas Maqqabi (166-134),

Jonathan Appus (160-143) und Simon Thassi (143-134), den Widerstand (1. Makkabäer 2,15-30). Er zog mit seinen Söhnen und allen, die sich ihnen anschlossen, in die Wildnis, und führte von da aus einen äußerst erfolgreichen Krieg gegen die syrischen Heere und auch gegen die abgefallenen Juden.

Vers 33:
Und die ***Verständigen*** des Volkes werden die Vielen unterweisen; aber sie werden stürzen durch Schwert und Flamme, durch Gefangenschaft und Beraubung – eine Zeit lang.

166-142 v.Chr.
Den ***bibeltreuen Juden*** (den »Verständigen«) lag viel daran, die Masse des jüdischen Volkes zur Treue dem lebendigen Gott und Seinem Wort gegenüber aufzurufen. Unzählige mussten aber in dieser Zeit der Wirrungen ihre Hingabe an Gott mit dem Leben bezahlen, z.T. unter den grausamsten Folterungen (2. Makkabäer 6,18-7,42).

Vers 34:
Und während sie stürzen, wird ihnen mit einer ***kleinen Hilfe*** geholfen werden. Doch viele werden sich ihnen heuchlerisch anschließen.

166-142 v.Chr.
Die trotz vieler Leiden und mancher Niederlagen gewaltigen militärischen ***Erfolge der Makkabäer*** (von Gottes Wort als »kleine Hilfe« bezeichnet, die »große« Hilfe kommt erst nach dem Messias, wenn Er Sein Friedensreich aufrichtet) begeisterten auch viele Mitläufer, die sich ihnen aus unlauteren und ungeistlichen Motiven anschlossen.

Vers 35:
Und von den ***Verständigen*** werden [einige] stürzen, damit unter ihnen geläutert und geprüft und gereinigt werde bis zur Zeit des Endes. Denn [es verzögert sich] noch bis zur bestimmten Zeit.

166-142 v.Chr.
Aber die Glaubenstreue derer, die das ***Martyrium*** zu erdulden hatten, führte bei einer großen Zahl zur Neubesinnung und zu einer noch entschlosseneren Haltung im Blick auf den geoffenbarten Willen Gottes in der Heiligen Schrift. Die Glaubenstreue der Juden in dieser »endzeitlichen« Epoche blieb durch die Jahrhunderte hindurch bis heute für viele Gläubige ein Ansporn zum Ausharren in Verfolgung und Schwierigkeiten. Vers 35 zeigt aber auch,

dass die makkabäische Verfolgungszeit noch nicht die »Zeit des Endes« (d.h. des Kommens des Messias und Seiner weltweiten Herrschaft) ist. Diese beginnt erst nach dem großen zeitraffenden Sprung von Vers 35 nach Vers 36, wo sie mit der Beschreibung »des Königs«, d.h. des über das endzeitliche Israel herrschenden Antichristen, eingeleitet wird. Vers 40 (»zur Zeit des Endes«) macht dann nochmals deutlich, dass jetzt wirklich die »Zeit des Endes« angebrochen ist.*

Nun hat man sich diesem eindrücklichen Zeugnis für die Wahrheit und Echtheit (und Erfüllung bis ins Detail!) biblischer Prophetie dadurch entziehen wollen, dass man dem Text seinen prophetischen, voraussagenden Charakter absprach, d.h. seine frühe Datierung. Man bezeichnete solche Texte dann einfach als »Vaticinium ex eventu«, d.h. als *Prophetie* ***nach*** *eingetretenem Ereignis* – mehr oder weniger im Sinn des eingangs zitierten Walpole, weil das tatsächliche *geschichtliche Eintreten des in Daniel 11,1-39 Ausgesagten auch vom kritischsten Forscher festgestellt werden kann* (G. Maier, Der Prophet Daniel, Wuppertal 1990[3]; S. 56). Doch handelt es sich hierbei um reines Wunschdenken, das als Grundaxiom nichts anderes als die Leugnung der Existenz Gottes hat oder zumindest die Leugnung der Möglichkeit, dass Gott auch sehr genaue Zukunftsangaben machen konnte und kann – frei nach Christian Morgenstern: *Weil, so schließt*

* **Idee und Quellen:**
James L. Boyer, Between the Testaments Chart, Chicago 1968[2]
Karl Hartmann, Atlas-Tafel-Werk zu Bibel und Kirchengeschichte, Bd. 1, Stuttgart 1979, S. 77-80
Roger Liebi, Weltgeschichte im Visier des Propheten Daniel, Berneck 1986, S. 65-86
Gerhard Maier, Der Prophet Daniel, Wuppertal 1990[3], S. 372-379

er messerscharf, nicht sein kann, was nicht sein darf (»Die unmögliche Tatsache« aus dem Band »Galgenlieder«, 1905).

Es würde den Rahmen dieses Buches sprengen, die von zahlreichen Wissenschaftlern des In- und Auslands angeführten Argumente für die Echtheit des Buches Daniel und seine Datierung – insbesondere auch von Kapitel 11 – auf das 6. Jh. v.Chr. anzuführen. Für gut lesbare Zusammenfassungen dieser Argumente in deutscher Sprache sei auf R. Liebi, Weltgeschichte im Visier des Propheten Daniel, Berneck 1986, S. 13-34, und G. Maier, Der Prophet Daniel, Wuppertal 1982, S. 34-62 verwiesen.

Dennoch soll anhand eines kurzen Abrisses des Lebens und Werks eines der wichtigsten Daniel-Forscher plastisch verdeutlicht werden, auf welch sicherem Boden derjenige steht, der von der Echtheit biblischer Prophetie und detaillierter Zukunftsaussagen in der Heiligen Schrift überzeugt ist – sei es nun im Buch Daniel oder anderswo in der Bibel. Andererseits wird dabei auch deutlich, wie fragwürdig oft die angeblich *gesicherten Erkenntnisse* moderner Bibelkritik sind.

Die Rede ist von Robert D. Wilson (1856-1930) (nach D.O. Fuller [Hrsg.], »Which Bible«, Grand Rapids 1975[5], S. 39-49):

Wilson beherrschte schon bei seinem Eintritt ins College fließend Französisch, Deutsch, Griechisch und Hebräisch. Auf dem College spezialisierte er sich auf Psychologie, Mathematik und Sprachen und studierte bis 1876 an der Universität von Princeton Theologie. Nach anschließender Promotion forschte er zwei Jahre an der Universität von Berlin. Nach einer Professur für Altes Testament am Western Theological Seminary in Pittsburgh kehrte er nach Princeton zurück, wo er als Gelehrter und Verteidiger der Bibel gegen Angriffe vonseiten der »Höheren Kritik« weltweit bekannt wurde.

1929 gründete er mit anderen das Westminster Seminary in Philadelphia.

Prof. Wilson war ein so gründlicher Kenner der semitischen Sprachen, dass er – so unglaublich es klingen mag – über vierzig von ihnen beherrschte. In langen Jahren disziplinierten Studiums lernte er alle alten Sprachen und Dialekte, die auch nur entfernt mit dem Text der Bibel zu tun hatten. Da beispielsweise Akkadisch damals in den Vereinigten Staaten nicht gelehrt wurde, ging er deswegen nach Deutschland und studierte diese babylonische Sprache in Heidelberg. Dazu kamen Äthiopisch, Phönizisch, verschiedene aramäische Dialekte usw., bis er schließlich 45 alte Sprachen und Dialekte beherrschte.

Zu Recht nannte er sich einen Experten in allen Fragen der Glaubwürdigkeit und historischen Zuverlässigkeit der Bibel. Einmal verbrachte er Jahre mit der Erforschung von rund 10.000 Dokumenten in vielen Sprachen, um zu beweisen, dass Prof. S.R. Driver (1846-1914) von Oxford mit seinem Versuch, das Buch Daniel als unecht und historisch unzuverlässig hinzustellen, im Irrtum war. In einem anderen Fall las Wilson – nur um einen einzigen Satz eines bekannten Bibelkritikers zu widerlegen – sämtliche vorhandene antike Literatur der fraglichen Zeitperiode in zahlreichen Originalsprachen und sammelte nicht weniger als 100.000 Zitate aus dieser Literatur, um die grundlegenden Fakten zu erhellen, die dann schließlich bewiesen, dass der betreffende Kritiker Unrecht hatte.

Wilsons Buch »Scientific Investigation of the Old Testament« (»Wissenschaftliche Untersuchung des Alten Testaments«) wird als Klassiker auf diesem Gebiet der Theologie angesehen. Eine seiner Abhandlungen, »Is Higher Criticism Scholarly?« (»Ist die Höhere Kritik wissenschaftlich?«), war ein empfindlicher Schlag gegen die liberale Bibelkritik und wurde in neun Sprachen veröffentlicht. Sein größter Beitrag zur Theologie ist »Studies in the Book of Daniel«, Grand Rapids 1917/18 (Nachdruck 1972). Die beiden Bände sind eine Sammlung von zwölf Abhandlungen über dieses prophetische Buch, die in verschiedenen Zeitschriften erschienen waren. Sie repräsentieren Wissenschaftlichkeit auf höchstem Niveau.

Im Folgenden ein Auszug aus einer Ansprache Wilsons zum Thema: »Was ist ein Experte?«:

Wenn sich jemand einen Experten nennt, dann geht es zuerst darum, die Tatsache nachzuweisen, dass er es wirklich ist. Ein Experte kann unter Umständen mehr wert sein als eine Million anderer Zeugen, die keine Experten sind. Bevor jemand das Recht hat, über die Geschichte, die Sprache und die Paläographie (das Entziffern, Lesen und Deuten alter Schriften und Dokumente) des Alten Testaments zu sprechen, hat die christliche Kirche das Recht, von ihm zu verlangen, seine Autorität auf dem jeweiligen Gebiet nachzuweisen.

Seit fünfundvierzig Jahren widme ich mich nun ohne Unterbrechung dem einen großen Studium des Alten Testaments in all seinen Sprachen, in all seiner Archäologie, in all seinen Übersetzungen, und, soweit möglich, in allem und jedem, was irgendeine Bedeutung für seinen Text und seine Geschichte hat. Ich sage dies, damit Sie sehen, warum ich als Experte sprechen kann. Ich kann hinzufügen, dass das Ergebnis meines fünfundvierzigjährigen Studiums der Bibel mich ständig zu der noch stärkeren Überzeugung gebracht hat, dass wir im Alten Testament einen zuverlässigen historischen Bericht der Geschichte des israelischen Volkes haben; und ich habe ein Recht, dies einigen jener klugen jungen Männer und Frauen ans Herz zu legen, die meinen, über einen solchen altmodischen Christen und an die Bibel als Gottes Wort Glaubenden lachen zu können.

Sie werden bemerkt haben, dass die Kritiker der Bibel, die mit der Absicht, Fehler zu entdecken, an sie herangehen, auf einzigartige Weise alle Erkenntnis und alle Tugend und Wahrheitsliebe für sich selbst beanspruchen. Einer ihrer Lieblingsausdrücke ist: »Alle Gelehrten stimmen darin überein.« Wenn jemand ein Buch schreibt und ein Argument mit dem Satz »Alle Gelehrten stimmen darin überein« zu beweisen versucht, möchte ich gerne wissen, wer die Gelehrten sind und warum sie übereinstimmen. Woher stammen überhaupt ihre Beweise?

Ich denke daran, wie ich vor einigen Jahren das Wort »Baka« untersuchte, das wir in unserer Bibel haben: »Durch das Baka-Tal gehend, machen sie es zu einem Quellenort« (Ps 84,6 Elberfelder Fußnote, Jerusalemer, Menge, Rev. Elberfelder Fußnote). Im Hebräisch-Lexikon fand ich, dass ein Reisender namens Burckhardt behauptete, »Baka« bedeute »Maulbeerbaum«. Das war nicht besonders einleuchtend. Ich konnte nicht erkennen, wie Maulbeerbäume etwas mit Wasser zu tun haben sollten. Ich schlug bei allen gelehrten Autoritäten Deutschlands und Englands seit Burckhardts Zeit nach und stellte fest, dass sie allesamt Burckhardt zitiert hatten. Nur ein einziger Wissenschaftler stand hinter all den zahlreichen Aussagen der gelehrten Autoritäten! Als ich dann einmal im Orient reiste, stellte ich fest, dass wir hier und da äußerst wohlschmeckendes Wasser hatten. Es entsprang scheinbar direkt dem Boden mitten in der Wüste. Ich fragte meinen Bruder, der dort als Missionar arbeitete, woher dieses Wasser käme. Er sagte: »Sie bringen dieses Wasser von den Bergen herunter. Es ist ein unterirdisches Aquädukt. Sie verlegen ihn unter der Erde, um das Verdunsten zu verhindern.« Die Bezeichnung für dieses unterirdische Aquädukt nun war »Baka«.

Worauf ich hinauswill, ist, dass wir diese Übereinstimmung unter den Gelehrten bis zu dem ersten Gelehrten zurückver-

folgen müssen, der die Aussage ursprünglich gemacht hatte, und dann herauszufinden haben, ob es wahr ist, was er sagte. Was war die Begründung seiner Aussage?

Ich nenne mich einen Experten. Habe ich ein Recht dazu? Nun, als ich noch Theologie studierte, pflegte ich mein Neues Testament in neun verschiedenen Sprachen zu lesen. Ich lernte es auswendig, sodass ich es ohne Auslassung einer einzigen Silbe aufsagen konnte; das Gleiche galt für die Psalmen Davids, Jesaja und andere Teile der Schrift. Nach Abschluss meines Theologiestudiums lehrte ich ein Jahr lang Hebräisch und ging dann nach Deutschland. Als ich nach Heidelberg kam, traf ich eine Entscheidung. Ich entschloss mich – und ich tat es unter Gebet –, mein Leben dem Studium des Alten Testaments zu widmen. Ich war damals fünfundzwanzig; und ich nahm aufgrund der Lebenslänge meiner Vorfahren an, dass ich wahrscheinlich siebzig Jahre alt werden würde, sodass mir also noch fünfundvierzig Jahre für mein Lebenswerk blieben. Ich teilte diese Zeit in drei Teile. Die ersten fünfzehn Jahre würde ich dem Studium der für mein Vorhaben nötigen Sprachen widmen. Die zweiten fünfzehn Jahre würde ich mich dem Studium des Textes des Alten Testaments widmen; und die letzten fünfzehn Jahre reservierte ich dafür, die Ergebnisse meiner vorausgegangenen Studien und Untersuchungen niederzuschreiben, um sie der Welt zu geben. Und der Herr hat mich befähigt, diesen Plan fast aufs Jahr genau auszuführen. ...

Nun erachtete ich es zur Prüfung der Begründung zuallererst für notwendig, die Sprache zu kennen, in der das Argument vorgefunden wurde. Deshalb ging ich nach Berlin und widmete mich fast ausschließlich dem Studium der Sprachen, die irgendetwas mit der Bibel zu tun haben; und ich entschloss mich, sämtliche Sprachen zu lernen, die Licht auf das Hebräische werfen, alle damit verwandten Sprachen, sowie schließlich auch alle Sprachen, in welche die Bibel bis 600 n.Chr.

übersetzt wurde, sodass ich in jedem Fall den Text jeweils selbst würde untersuchen können.

Da ich dies alles getan habe, behaupte ich, ein Experte zu sein. Ich behaupte, dass kein Mensch das Alte Testament angreifen kann auf einer Beweisgrundlage, die ich nicht nachzuprüfen in der Lage wäre. Ich kann die Fakten untersuchen, wenn sie sprachlicher Natur sind. Wenn jemand eine Sprache kennt, die ich nicht kenne, werde ich sie lernen. Jetzt werde ich Ihnen einige der Ergebnisse zeigen.

Nachdem ich die notwendigen Sprachen gelernt hatte, machte ich mich an die Untersuchung jedes einzelnen Konsonanten des hebräischen Alten Testaments. Es gibt davon etwa 1,25 Millionen, und ich benötigte viele Jahre für diese Aufgabe. Ich musste das Alte Testament durchlesen und dabei jeden einzelnen Konsonanten unter die Lupe nehmen; ich musste auch die Textvarianten in den Manuskripten, die Anmerkungen der Masoreten, die verschiedenen alten Übersetzungen, die Parallelstellen und die Verbesserungsversuche der Kritiker in Betracht ziehen; und dann musste ich meine Ergebnisse einordnen und klassifizieren. Ich schätze diese Art der Textforschung äußerst hoch ein; denn mein Plan war es, die Kritik des Alten Testaments zu einer absolut objektiven Wissenschaft zu machen, zu etwas, was auf objektiven Fakten und nicht auf subjektiven Meinungen beruht. Kaum jemals mache ich eine Aussage, die lediglich auf meiner eigenen subjektiven Auffassung beruht.

Um ein derartiger Experte auf dem Gebiet der Textforschung zu sein, muss man Paläographie (das Entziffern alter Schriften) und Sprachwissenschaft gründlich beherrschen; man muss eine exakte Kenntnis von mindestens einem Dutzend Sprachen haben, sodass man jedes einzelne Wort gründlich unter die Lupe nehmen kann. Denn den wahren Text des Alten Testaments gesichert festzustellen, ist grundlegend für alles, was mit Geschichte und Lehre der Bibel zu tun hat.

Das Ergebnis dieser dreißigjährigen Studien, die ich auf den Text verwandt habe, ist folgendes: Ich kann gesichert behaupten, dass es keine Seite im Alten Testament gibt, bezüglich der wir auch den geringsten Zweifel haben müssten. Wir können absolut sicher sein, dass wir substanziell den Text des Alten Testaments haben, den Christus und die Apostel hatten und der von Anfang an in dieser Form existiert hat.

Ich möchte noch einige andere Beispiele wahrer Bibelkritik zeigen. Ich erinnere mich noch an die Zeit, wo es als nutzlos galt, die langen Geschlechtsregister in den ersten Kapiteln des ersten Chronikbuches zu lesen. Aber heute sind in der wissenschaftlichen Kritik des Alten Testaments Eigennamen von größter Wichtigkeit. Wie sie buchstabiert sind – ja, in der Tat alles, was mit ihnen zusammenhängt – ist zu einem der Fundamente schlechthin geworden, worauf die wissenschaftliche Kritik des Alten Testaments aufbaut.

Nehmen wir folgenden Fall: Es gibt 29 antike Könige, deren Namen nicht nur in der Bibel erwähnt sind, sondern auch auf Monumenten aus ihrer jeweiligen Zeit, viele davon unter ihrer eigenen Aufsicht gebaut. Diese 29 Eigennamen enthalten insgesamt 195 Konsonanten. Aber wir finden in den Dokumenten des Alten Testaments nur zwei oder drei aus den ganzen 195, bei denen es überhaupt fraglich ist, ob sie in genau derselben Weise geschrieben sind wie auf ihren eigenen Monumenten. Einige von ihnen gehen 2.000 Jahre zurück, andere 4.000 – und doch sind sie so geschrieben, dass jeder einzelne Buchstabe klar und korrekt ist. Das ist ohne Zweifel ein gewaltiges Wunder.

Vergleichen wir diese Exaktheit mit der anderer Schriftstücke. Man hat mir vorgeworfen, in meinen Büchern über Daniel nicht mehr auf die klassischen Schriften Bezug zu nehmen. Hier ist der Grund: Nehmen wir die von dem größten Gelehrten seines Zeitalters, dem Bibliothekar von Alexandria, im Jahr 200 v.Chr. verfasste Liste. Er stellte einen Katalog der Könige von Ägypten zusammen, insgesamt 38; und von diesen 38 sind nur drei oder vier identifizierbar! Er machte auch eine Königsliste von Assyrien; hier können wir nur bei einem Namen feststellen, wer gemeint ist, und selbst der ist nicht richtig buchstabiert! Oder nehmen wir Ptolemäus, der ein Register von 18 babylonischen Königen zusammengestellt hat. Kein einziger ist richtig buchstabiert, und man könnte keinen identifizieren, wüssten wir nicht aus anderen Quellen, auf wen oder was er sich bezieht. Wenn jemand etwas gegen die Bibel sagt, fragen Sie ihn nach den darin erwähnten Königen. Dort werden 29 Könige von Ägypten, Israel, Moab, Damaskus, Tyrus, Babylon, Assyrien und Persien erwähnt, und zwar aus zehn verschiedenen Ländern. Diese alle werden sowohl in der Bibel als auch auf zeitgenössischen Monumenten der betreffenden Länder genannt. Jeder einzelne hat in der Bibel seinen richtigen Namen, wird seinem richtigen Land zugeordnet und in der korrekten chronologischen Abfolge genannt! Denken Sie einmal nach, was das bedeutet!

Noch ein letztes Beispiel, wo die Arbeit des Experten nötig ist: Es ist die Behauptung der Kritiker, dass das Vorkommen aramäischer Wörter (Aramäisch war die Sprache Mesopotamiens und angrenzender Länder) in alttestamentlichen Büchern ein Schlüssel zu ihrer Datierung sei. Ich kam zu dem Schluss, dass die Kritiker viele Worte über die so genannten Aramaismen von sich gaben, die sie jedoch nicht belegen konnten. Deshalb nahm ich ein hebräisches Lexikon, ging es Wort für Wort von Anfang bis Ende durch und sammelte die Ergebnisse. Dann machte ich das Gleiche mit Aramäisch. Ich stellte eine Liste aller relevanten Wörter zusammen und verglich sie mit Akkadisch (der babylonischen Sprache).

Als ich meine Untersuchung auf diese Weise wissenschaftlich-objektiv durchführte, stellte ich fest, dass das auf das Vorkommen so genannter Aramaismen in alttestamentlichen Büchern aufgebaute Argument so gut wie hinfällig war. Es gibt nur fünf oder sechs dieser Wörter im ganzen AT überhaupt, bei denen vielleicht ein geringer Zweifel bestehen bleiben könnte. Tatsache ist, dass vor 150 Jahren das Akkadische nicht bekannt war; wenn man also im Alten Testament ein Haupt- oder Zeitwort fand, das sich nicht ganz in die hebräische Formenlehre einordnen ließ, sagte man einfach, es wäre Aramäisch, und das Bibelbuch, das dieses Wort enthielt, sei wesentlich späteren Datums, als es selbst vorgab. Aber inzwischen hat uns Gott die Kenntnis des Akkadischen geschenkt, und daraus erkennen wir nun unter anderem Folgendes: Bestimmte aramäische Hauptwörter enden auf »-ut«, und man hielt dies für eine Eigenheit dieser Sprache. Aber nun wissen wir, dass diese Endung auch im Akkadischen und sogar im Hebräischen vorkommt. Die babylonischen Aufzeichnungen (in Akkadisch) gehen zurück bis zur Zeit vor Abraham; und von da an bis zum Ende des babylonischen Reichs finden wir immer wieder diese Endung. So wurde also die Begründung für das alte Argument der Spätdatierung biblischer Bücher unhaltbar.

Zum Schluss möchte ich Ihre Aufmerksamkeit auf die Tatsache lenken, dass das Studium der religiösen Systeme der alten Völker gezeigt hat, dass bei ihnen einerseits ein tastendes Suchen nach Gott vorhanden war, andererseits jedoch nirgendwo zu sehen ist, dass sie ein klares Verständnis des einen wahren Gottes erlangten, des Schöpfers, Erhalters, Richters, Retters und Heiligers Seines Volkes. Ihre Religionen waren äußerer Art; die Religion des Alten Testaments ist ihrem Wesen nach eine des Geistes und Herzens; eine Religion von Liebe, Freude, Glaube, Hoffnung und Rettung durch die Gnade Gottes. Was ist der Grund für dies alles?

Die Propheten Israels erklärten, ihre Lehre käme von Gott. Die moderne bibelkritische Richtung steht diesem Anspruch direkt entgegen. Sie behauptet, die Propheten hätten lediglich Ideen ihrer eigenen Zeit geäußert, und sie seien durch ihr gesellschaftliches, politisches und geschichtliches Umfeld beschränkt gewesen. Aber wenn dem so wäre, wie ist es dann zu erklären, dass weder von den Orakeln von Theben und Memphis, noch von Delphi und Rom, noch aus Babylon oder aus den Wüsten Mediens, sondern aus den Schafhürden und einfachen Hütten Israels, ja sogar aus dem Mund von Gefangenen am Fluss eines fremden Landes diese gewaltigen Botschaften der Hoffnung und Erlösung erschollen? Einer der mächtigsten Ausdrücke der Schrift ist »Gott ist mit uns«; dies ist der Schlüssel, der die geheimnisvollen Kammern des Alten Testaments aufschließt und uns ihre reichen und unvergänglichen Schätze entfaltet.

So weit – beispielhaft – zu Leben und Werk eines Mannes, der sein Leben der Prüfung, dem Beweis und der Verteidigung der Glaubwürdigkeit und absoluten (auch historischen) Zuverlässigkeit der Bibel als Offenbarung Gottes gewidmet hat. Hunderte, ja Tausende ähnlicher solcher Beispiele ließen sich hinzufügen. Wir gehen in diesem Buch im Folgenden von der Tatsache aus, dass die Bibel (Altes und Neues Testament) zuverlässige und verbindliche und auch für uns heute noch gültige Offenbarung Gottes an alle Menschen ist. Wer sich mit den in den letzten Abschnitten angerissenen Fragen weiter beschäftigen möchte, der sei – neben den zwei erwähnten Werken speziell zum Thema »Daniel« – auf J. McDowell, »Bibel im Test«, Bielefeld 2002, verwiesen.

KAPITEL 2

Die »zweite Bergpredigt« – das Zeichen Seiner Ankunft

He's got plans of His own
to set up His throne
when He returns.

Er hat Seine eigenen Pläne,
Seinen Thron aufzurichten,
wenn Er wiederkommt.

Bob Dylan, »*When He Returns*«

Der bekannteste Teil des Neuen Testaments ist heutzutage zweifelsohne die so genannte »Bergpredigt« in den Kapiteln 5 bis 7 des Matthäusevangeliums, die immer wieder die politische und gesellschaftliche Diskussion mitgeprägt hat. Der dort von Jesus gepredigte Gewaltverzicht soll nach Meinung vieler als Grundgesetz politischen Handelns nicht nur die persönliche Moral bestimmen, sondern auch den Umgang der gesellschaftlichen Gruppen miteinander, ja das Zusammenleben ganzer Völker. Auf diese Weise würde dann – sehr verkürzt ausgedrückt – persönlicher, nationaler und internationaler Friede aus dem Bereich der Utopie heraustreten und in Kürze reale, konkrete Gestalt annehmen und dadurch eine nie gekannte Ära weltweiter Wohlfahrt einleiten.

Die Bergpredigt ist jedoch nur die erste von fünf großen Reden des Messias im Matthäusevangelium, das als Hauptthema das Königtum und die Königsherrschaft Jesu behandelt. Schon sehr früh in der Geschichte, bei der Geburtsstunde Israels als selbstständiges Volk, wurde gesungen: *Jahwe wird König sein immer und ewiglich!* (2. Mose 15,18).

In diesem Lied wird übrigens auch deutlich, dass Gott unter Umständen auch Gewalt anwenden muss gegenüber denen, die sich der letztendlichen Verwirklichung dieses Königtums widersetzen:

Singen will ich Jahwe, denn hoch erhaben ist er; das Ross und seinen Reiter hat er ins Meer gestürzt. ... Jahwe ist ein Kriegsmann, Jahwe ist sein Name. Das wird vor allem dann real werden, wenn Gott am Ende der Zeit das *Ross* der gegen Sein Volk und damit gegen Ihn heranziehenden gottfeindlichen Heere und den sie steuernden *Reiter* Satan in das *Meer*, den Feuersee, stürzen wird (vgl. Offb 19,19-21; 20,7-10). Wir wollen damit nicht vorausgreifen (dieses Thema wird in Kap. 6 behandelt), sondern die Entwicklung andeuten, welche die Weltgeschichte trotz allen Redens über und Hoffens auf einen von Menschen gemachten Frieden nehmen wird.

Aber Gottes Ziel ist es, jetzt in dieser Zeit freiwillige Untertanen für Sein ewiges Königreich zu bekommen, die sich Ihm in freier Liebe und Zuneigung unterwerfen, weil sie von der Schönheit, Liebe und Gnade dieses Königs angezogen sind und die Zeit ihres irdischen Lebens und schließlich alle Ewigkeit in Gemeinschaft mit Ihm verbringen wollen. Solche freiwillige Untertanen des Königreichs, Nachfolger des Königs Jesus Christus, im Neuen Testament meist *Jünger* genannt, sind es, an die sich die Bergpredigt richtet: *Als er sich gesetzt hatte, traten seine Jünger zu ihm. Und er tat seinen Mund auf, lehrte sie und sprach ...* (Mt 5,1b-2).

Für diese Jünger des Königs gelten die Lehren Jesu in der Bergpredigt – denn um diese gewaltigen Maßstäbe zu erfüllen, bedarf es einer erneuerten, verwandelten, umgestalteten Persönlichkeit, die nur durch eine bewusste Auslieferung und Hingabe an Jesus Christus ermöglicht wird. Natürlich soll niemand die Ohren verschließen – jeder soll die hohen Maßstäbe Jesu kennen und ihre Anziehungskraft spüren. Doch eine ehrliche Reaktion darauf wird Kapitulation sein – das Anerkennen der eigenen Unfähigkeit, um sich dann schließlich zu den Füßen des Königs und Herrn Jesus Christus niederzuwerfen, um *von Ihm* neues, verändertes, wahres Leben zu empfangen.

Auch wenn die Bergpredigt nicht direkt an die Volksmengen, sondern an die Jünger gerichtet ist, sind Erstere nicht vom Zuhören ausgeschlossen: *Als er aber die Volksmenge sah, stieg er auf den Berg ...* (Mt 5,1a). *Und es geschah, als Jesus diese Worte vollendet hatte, da erstaunten die Volksmengen sehr über seine Lehre; denn er lehrte sie wie einer, der Autorität hat, und nicht wie ihre Schriftgelehrten* (Mt 7,28.29).

In der Bergpredigt also *fasst der König den Charakter und das Verhalten zusammen, das er von seinen Untertanen erwartet. Diese Predigt ist* keine *Darstellung eines Errettungsplanes. Auch ist ihre Lehre nicht für Menschen bestimmt, die nicht errettet sind. Sie wurde an die Jünger gerichtet (5,1.2) und sollte eine Verfassung darstellen oder, mit anderen Worten, das Gesetzes- und Prinzipiensystem, das für die Untertanen des Königs während seiner Herrschaft gelten sollte. Die Bergpredigt ist für alle diejenigen bestimmt, ob in der Vergangenheit, Gegenwart oder Zukunft, die Christus als König anerkennen. Als Christus auf der Erde war, fand sie auf seine Jünger direkte Anwendung. Jetzt, während unser Herr im Himmel regiert, gilt sie für alle, die ihn in ihren Herzen zum König gekrönt haben. Schließlich wird sie eine Verhaltensanweisung für die Nachfolger Christi in der Trübsalszeit und während seiner Herrschaft auf der Erde sein* (W. MacDonald, Kommentar zum Neuen Testament, Bielefeld 1997, S. 37).

Die Bergpredigt ist, wie schon gesagt, die erste von fünf großen Reden Jesu im Matthäusevangelium. In Matthäus 10,1-42 finden wir die große Missionsrede zur Aussendung der Jünger, in Matthäus 13,1-52 die Gleichnisse vom Königreich der Himmel, die Rede in Matthäus 18,1-35 behandelt die gegenseitige Vergebung der Untertanen des Königs und in Matthäus 24,1-25,46 schließlich folgt die »zweite Bergpredigt« – bekannt als die »Ölbergrede« –, die als Thema das Wiederkommen des Königs auf die Erde zur sichtbaren Aufrichtung des Königreichs und die damit verbundenen Umstände hat. Alle Reden sind deutlich markiert und abgesetzt durch den Refrain *Und es geschah, als Jesus diese Worte* (Befehle, Gleichnisse, Reden) *vollendet hatte* (Mt 7,28; 11,1; 13,53; 19,1; 26,1). Und alle beleuchten verschiedene Aspekte des großen Themas des Matthäusevangeliums:

Jesus ist gekommen, um Sein Königreich des Friedens zu predigen und aufzurichten, aber nur wenige schenken Ihm Gehör und Gehorsam. Der König wird verworfen und »zieht« sich in den Himmel »zurück«, während das Königreich in nicht sichtbarer, verborgener, geheimnishafter Form in den Herzen Seiner wahren Untertanen auf der Erde besteht (das Thema der Himmelreichsgleichnisse von Matthäus 13). Doch diese Untertanen erleiden ebenso wie einst ihr König Verachtung, Verwerfung und Verfolgung, bis dann aber – und das ist das ungeheuer Entscheidende, Einschneidende, der absolute Höhepunkt der Weltgeschichte – der König Jesus Christus mit Macht und großer Herrlichkeit sichtbar wieder auf die Erde kommt, um hier Sein Königreich des Friedens aufzurichten: Ziel und Höhepunkt des Geschichtshandelns Gottes. Dann erfüllt sich Offb 11,15: *Die Königsherrschaft über die Welt ist an unseren Herrn und seinen Gesalbten gekommen, und er wird fortan als König in alle Ewigkeit herrschen* (Menge-Übersetzung).

Letzteres ist das große Thema der Endzeitrede in Matthäus 24 und 25. Sie wird folgendermaßen eingeleitet: In Kap. 23 verurteilt Jesus in scharfen Worten die Heuchelei der Führer des jüdischen Volkes, aber auch die Bewohner Jerusalems selbst, die Seinem Ruf nicht folgen wollten und, wie die Propheten vorher, bald auch Ihn töten würden. Deshalb wendet Er sich ab – nicht nur wörtlich, auch im übertragenen Sinn entfernt Er sich vom Tempel, von Jerusalem, vom Volk Israel: *Siehe, euer Haus wird euch öde gelassen; denn ich sage euch: Ihr werdet mich von jetzt an* ***nicht*** *sehen, bis ihr sprechet: »Gepriesen sei, der da kommt im Namen des Herrn!« Und Jesus trat hinaus und ging von dem Tempel hinweg* (Matthäus 23,38-24,1a).

Als dann die Jünger – offensichtlich schockiert über die Aussage Jesu, der Tempel (den Er bezeichnenderweise nicht *Haus Gottes,* sondern *euer Haus* nennt), dieser damals zu den Weltwundern zählende Gebäudekomplex von überwältigender Pracht, würde *öde gelassen*, also verwüstet – Ihm dessen majestätische Größe vor Augen malen wollen, wird Jesus noch schärfer: *Ja, jetzt seht ihr dies alles noch. Wahrlich, ich sage euch, es wird hier kein Stein auf dem andern bleiben, der nicht niedergerissen wird!* (Mt 24,2; Menge). (Der römische Feldherr und spätere Kaiser Titus soll bei der Zerstörung Jerusalems 70 n.Chr. versucht haben, den Tempel selbst zu retten, doch seine Soldaten ließen ihn in Flammen aufgehen. Als das Feuer den Goldüberzug zum Schmelzen brachte, rann das flüssige Metall zwischen die Ritzen der Steine. Um da heranzukommen, mussten die Soldaten Stein für Stein wegreißen, genau wie Jesus vorhergesagt hatte.)

Doch nun wollen die Jünger genauere Auskunft. Als sie nach einem kurzen Fußmarsch auf dem Ölberg angekommen sind, treten sie, getrennt von der Volksmenge, nahe an Ihn heran und stellen Ihm drei Fragen:

1. Wann würde dies sein, d.h. wann würde der Tempel zerstört werden?

2. Was würde das Zeichen Seiner Ankunft sein, d.h. welches oder welche außergewöhnlichen oder übernatürlichen

Ereignisse würden Seiner Wiederkunft zur Erde und der Aufrichtung Seines Königreichs vorangehen?

3. Was wäre das Zeichen der Vollendung des Zeitalters, d.h. was würde das Ende des Zeitalters ankündigen, welches Seiner Königsherrschaft in Macht und Herrlichkeit voranginge? (Die zweite und dritte Frage haben im Wesentlichen die gleiche Antwort.)

Wir wollen uns also unmissverständlich klar machen: Diese Fragen, die uns heute ebenso wie Generationen vor uns bewegen, sind von den Jüngern hier klar formuliert, und wir dürfen erwarten, dass wir von dem, der die Hauptperson all dieser Ereignisse sein wird und ohne Zweifel besser als die gesamten Futurologen und Zukunftsspekulanten der Weltgeschichte darüber Bescheid weiß, eine ebenso klare Antwort bekommen.

Die erste Frage wird in Matthäus nicht direkt beantwortet. Jesu Antwort auf die Fragen der Jünger – die so genannte »Ölbergrede« – wird sowohl von Matthäus als auch von Lukas (21,5-28) berichtet. Ihrer jeweiligen Thematik entsprechend setzen die Evangelisten unterschiedliche Akzente: Lukas betont mehr die erste Frage und die Antwort Jesu darauf (vor allem die Zerstörung Jerusalems 70 n.Chr. durch die Römer und die darauf folgende Versklavung der Juden, vgl. Lukas 21,20-24), während Matthäus, dem es vor allem um das zukünftige Königreich und die mit seiner Aufrichtung verbundenen Ereignisse geht, mehr auf die beiden anderen Fragen eingeht. Jesus verbindet in Seiner Antwort auf die erste Frage der Jünger in der »Ölbergrede« offensichtlich die Zerstörung Jerusalems 70 n.Chr. mit einer anderen, noch in der Zukunft liegenden Zerstörung, wobei Lukas besonders die inzwischen geschehene, Matthäus dagegen die zukünftige im Blick hat.

Die zweite und die dritte Frage werden bei Matthäus in 24,4-31 systematisch und ziemlich chronologisch beantwortet, wobei in 24,32-25,46 noch zusätzliche Erklärungen gegeben werden.

Schon allein der Ort, wo Jesus diese Fragen beantwortet, ist hochinteressant. Der Ölberg (bei Lukas überhaupt nicht erwähnt, denn seine Thematik ist anders) spielt sowohl beim Weggang Jesu aus dieser Welt als auch bei Seinem Wiederkommen eine wichtige Rolle. Er ist für Ihn sozusagen, vorsichtig ausgedrückt, die »Verbindungstür« zwischen der jenseitigen und unserer diesseitigen Welt.

Wie allgemein bekannt ist, fuhr Jesus (nach Apostelgeschichte 1) vom Ölberg aus in den Himmel auf – übrigens, nachdem Er unmittelbar zuvor mit Seinen Jüngern über die Aufrichtung des messianischen Königreichs gesprochen hatte. Während die Jünger Ihm noch nachschauen, bekommen sie von zwei plötzlich erschienenen Engeln die Mitteilung, dass dieser Jesus, der von ihnen weg in den Himmel aufgenommen worden ist, *also kommen wird, wie ihr ihn habt hingehen sehen in den Himmel* (Apg 1,11). Das war auch im Alten Testament schon bekannt. Als sich die Herrlichkeit Gottes unmittelbar vor der Zerstörung Jerusalems durch Nebukadnezar 586 v.Chr. aus dem Tempel zurückzieht, sagt Hesekiel: *Und die Herrlichkeit Jahwes erhob sich aus der Mitte der Stadt und stellte sich auf den Berg, welcher gegen Osten der Stadt ist* (Hes 11,23). Und umgekehrt, wenn die Herrlichkeit Gottes in der Person des wiederkommenden Messias wieder in den Tempel einzieht: *Und siehe, die Herrlichkeit des Gottes Israels kam von Osten her; und ihr Rauschen war wie das Rauschen großer Wasser, und die Erde leuchtete von seiner Herrlichkeit. ... Und die Herrlichkeit Jahwes kam in das Haus, den Weg des Tores, welches gegen Osten gerichtet war* (Hes 43,1-5). Ebenso lesen wir in Sacharja: *Und kommen wird Jahwe, mein Gott. ... Und seine Füße werden an jenem Tage auf dem Ölberge stehen, der vor Jerusalem gegen Osten liegt* (Sach 14,5.4). Der

Ölberg ist also für Jesus gewiss der am besten passende Ort auf der ganzen Erde, um Seinen Jüngern und damit auch uns Fragen über Seine Ankunft zu beantworten.

Diese Ankunft war kein neuer Gedanke, der von Jesus erst eingeführt werden musste. Man hat heute im Gespräch oft den Eindruck, als sei der Gedanke, dass Jesus *überhaupt* jemals persönlich wiederkommen würde, erst in den letzten Jahrzehnten oder Jahrhunderten von spitzfindigen Bibelauslegern in die Schrift hineingelesen worden. Dagegen ist es – für den, der die Bibel kennt und ernst nimmt – nicht nur für die letzten 2.000 Jahre kein neuer Gedanke, es war selbst für die Zeit des Neuen Testaments nichts Neues. Vieles war für die Jünger und die anderen Zuhörer Jesu neu, erstaunlich, gewöhnungsbedürftig und oft auch schockierend, nicht aber die Tatsache, dass der Sohn Gottes als Messias-König personhaft auf die Erde kommen würde, um Gericht zu halten und Sein Königreich der Gerechtigkeit und des Friedens aufzurichten.

Einige wenige Aussagen der Bibel mögen dies verdeutlichen:

Jahwe wird König sein, immer und ewiglich!, heißt es im Triumphgesang Israels nach dem Durchzug durch das Rote Meer etwa 1450 v.Chr. (2.Mose 15,18).

Wenn deine Tage voll sein werden, und du bei deinen Vätern liegen wirst, so werde ich deinen Samen nach dir erwecken, der aus deinem Leibe kommen soll, und werde sein Königtum befestigen. Der wird meinem Namen ein Haus bauen; und ich werde den Thron seines Königtums befestigen auf ewig. Ich will ihm Vater sein, und er soll mir Sohn sein, redet Gott um 1000 v.Chr. zu David über dessen Sohn, den wahren Salomo, der Sohn Davids, aber auch Sohn Gottes sein und einst ein unzerstörbares ewiges Königreich empfangen würde (2Sam 7,12-14).

Jahwe sprach zu meinem Herrn: Setze dich zu meiner Rechten, bis ich deine Feinde lege zum Schemel deiner Füße! Den Stab deiner Macht wird Jahwe aus Zion weithin strecken; herrsche inmitten deiner Feinde (Psalm 110,1.2), redet David seinerseits um 1000 v.Chr.: Gott spricht also zum Herrn Davids (das muss der Messias sein, denn David kannte in seiner Zeit als König keinerlei menschlichen Herrn über sich), dass dieser sich zur Rechten Gottes setzen solle (das entspricht der Himmelfahrt Jesu), bis Er Ihn mit Macht und Herrlichkeit zum König in Zion mit einem sich weithin dehnenden Herrschaftsgebiet einsetzen würde (die Wiederkunft Jesu zur Aufrichtung des Königreichs).

In Psalm 2 wird etwa 1000 v.Chr. von der Rebellion der Könige der Erde gegen Gott geredet (V. 1-2), die erst dadurch ein Ende findet, dass der Sohn Gottes (V. 7) als König über Zion eingesetzt wird (V. 6), um von dort aus über alle Nationen und die ganze Erde zu herrschen (V. 8):

Warum toben die Nationen und sinnen Eitles die Völkerschaften? Es treten auf die Könige der Erde, und die Fürsten ratschlagen miteinander wider Jahwe und wider seinen Gesalbten: »Lasset uns zerreißen ihre Bande und von uns werfen ihre Seile!« Der im Himmel thront, lacht, der Herr spottet ihrer. Dann wird er zu ihnen reden in seinem Zorn, in seiner Zornglut wird er sie schrecken. »Habe doch ich meinen König gesalbt auf Zion, meinem heiligen Berge!« Vom Beschluss will ich erzählen, Jahwe hat zu mir gesprochen: Du bist mein Sohn, heute habe ***ich*** *dich gezeugt. Fordere von mir, und ich will dir zum Erbteil geben die Nationen, und zum Besitztum die Enden der Erde* (Ps 2,1-8).

Etwa 550 v.Chr. bezeugt Daniel, wie der Sohn des Menschen vom Himmel her kommt, um Sein messianisches Weltreich aufzurichten: *Ich schaute in Gesichten der Nacht: und siehe, mit den Wolken des Himmels kam einer wie eines Menschen*

Sohn. ... Und ihm wurde Herrschaft und Herrlichkeit und Königtum gegeben, und alle Völker, Völkerschaften und Sprachen dienten ihm; seine Herrschaft ist eine ewige Herrschaft, die nicht vergehen, und sein Königtum ein solches, das nie zerstört werden wird (Dan 7,13-14).

Das sind einige eindrückliche Beispiele, die verdeutlichen, dass es selbst für jemanden, der nur das Alte Testament ernst nimmt, nie eine Frage sein kann, dass eines Tages ein Nachkomme Davids, der gleichzeitig auch auf einer Ebene mit Gott steht, als Messias wiederkommen wird, um von Israel aus ein Königreich des Friedens und der Gerechtigkeit über die ganze Erde aufzurichten, wie es in Offb 11,15 summarisch ausgedrückt wird: *Es sind die Reiche der Welt unseres Herrn und seines Christus geworden, und er wird regieren von Ewigkeit zu Ewigkeit* (Luther '84).

Die Frage kann deshalb für uns – ebenso wenig wie für die Jünger – nicht lauten, *ob* Christus als Messias wiederkommen wird, sondern lediglich – ebenso wie für die Jünger – *wie*, unter welchen Umständen, Vorzeichen und Begleiterscheinungen. Mit der Antwort auf diese Frage wollen wir uns in den nächsten Kapiteln eingehender beschäftigen.

KAPITEL 3

Der Anfang der Wehen

Every new messenger brings evil report
'bout armies on the march and time that is short
and famine and earthquakes and train wrecks
and the tearin' down of the walls

Jeder neue Bote bringt schlimme Nachricht
über Armeen auf dem Vormarsch und Zeit, die kurz ist,
und Hungersnöte und Erdbeben und Zugunglücke
und das Niederreißen der Mauern

Bob Dylan, »*Caribbean Wind*«

Well the howling wolf will howl tonight,
the king snake will crawl,
trees that've stood for a thousand years
suddenly will fall.
Wanna get married? Do it now.
Tomorrow all activity will cease.
You know that sometimes Satan
comes as a man of peace.

Nun, der heulende Wolf wird heute Nacht heulen,
die Königsschlange wird kriechen,
Bäume, die 1.000 Jahre standen,
werden plötzlich fallen.
Willst du heiraten? Tu es jetzt.
Morgen wird alles Tun ein Ende haben.
Denn weißt du, manchmal kommt Satan
als Mann des Friedens.

Bob Dylan, »*Man of Peace*«

Bevor wir uns nun eingehender der Antwort Jesu auf die Fragen Seiner Jünger nach dem *Zeichen Seiner Ankunft und der Vollendung des Zeitalters* zuwenden, sind einige Vorbemerkungen nötig.

Zuerst wollen wir uns die erstaunliche Übereinstimmung von Mt 24,3-14 mit den sechs Siegeln von Offb 6 vor Augen führen. Das wird am schnellsten deutlich, wenn wir die beiden Texte einfach nebeneinander legen:

Matthäus 24	**Offenbarung 6**
Verse 3.4a Als er aber auf dem Ölberg saß, traten seine Jünger für sich allein zu ihm und sprachen: Sage uns, wann wird das sein, und was ist das Zeichen deiner Ankunft und der Vollendung des Zeitalters? Und Jesus antwortete und sprach zu ihnen:	**Vers 1a** Und ich sah, als das Lamm **eines** von den **sieben Siegeln** öffnete,
Verse 4b.5 Seht zu, dass euch niemand verführe! Denn viele werden unter meinem Namen kommen und sagen: Ich bin der Christus! Und sie werden viele verführen.	**Verse 1b.2** und hörte eines von den vier lebendigen Wesen wie mit einer Donnerstimme sagen: Komm! Und ich sah: und siehe, ein weißes Pferd, und der darauf saß, hatte einen Bogen; und ihm wurde ein Siegeskranz gegeben, und er zog aus, siegend und um zu siegen.
Verse 6.7a Ihr werdet aber von Kriegen und Kriegsgerüchten hören. Seht zu, erschreckt nicht;	**Verse 3.4** Und als es das **zweite Siegel** öffnete, hörte ich das zweite lebendige Wesen sagen: Komm! Und es zog aus ein anderes, ein feuerrotes Pferd; und dem, der darauf saß, ihm wurde gegeben,

denn [dies] alles muss geschehen, aber es ist noch nicht das Ende. Denn es wird sich Nation gegen Nation erheben und Königreich gegen Königreich,

den Frieden von der Erde zu nehmen und [die Menschen dahin zu bringen], dass sie einander schlachteten; und ihm wurde ein großes Schwert gegeben.

Vers 7b

und es werden Hungersnöte

Verse 5.6

Und als es das **dritte Siegel** öffnete, hörte ich das dritte lebendige Wesen sagen: Komm! Und ich sah: und siehe, ein schwarzes Pferd, und der darauf saß, hatte eine Waage in seiner Hand. Und ich hörte [etwas] wie eine Stimme inmitten der vier lebendigen Wesen, die sagte: Ein Maß Weizen für einen Denar und drei Maß Gerste für einen Denar! Und dem Öl und dem Wein füge keinen Schaden zu!

Verse 7c.8

und Seuchen sein und Erdbeben da und dort. Alles dies aber ist der Anfang der Wehen.

Verse 7.8

Und als es das **vierte Siegel** öffnete, hörte ich die Stimme des vierten lebendigen Wesens sagen: Komm! Und ich sah: und siehe, ein fahles Pferd, und der darauf saß, dessen Name [ist] Tod; und der Hades folgte ihm. Und ihnen wurde Macht gegeben über den vierten Teil der Erde, zu töten mit dem Schwert und mit Hunger und mit [Pest-] Tod und durch die wilden Tiere der Erde.

Vers 9

Dann werden sie euch in Drangsal überliefern und euch töten; und ihr werdet von allen Nationen gehasst werden um meines Namens willen.

Verse 9-11

Und als es das **fünfte Siegel** öffnete, sah ich unter dem Altar die Seelen derer, die geschlachtet worden waren um des Wortes Gottes und um des Zeugnisses willen, das sie hatten. Und sie riefen mit lauter Stimme und sprachen: Bis wann, heiliger und wahrhaftiger Herrscher, richtest und rächst du nicht unser Blut an denen, die auf der Erde wohnen? Und es wurde ihnen einem jeden ein weißes Gewand gegeben; und es wurde ihnen gesagt, dass sie noch eine kurze Zeit abwarten sollten, bis auch ihre Mitknechte und ihre Brüder vollendet seien, die ebenso wie sie getötet werden sollten.

Verse 10-13

Und dann werden viele verleitet werden und werden einander überliefern und einander hassen; und viele falsche Propheten werden aufstehen und werden viele verführen; und weil die Gesetzlosigkeit überhand nimmt, wird die Liebe der meisten erkalten; wer aber ausharrt bis ans Ende, der wird errettet werden.

Verse 12-17

Und ich sah, als es das **sechste Siegel** öffnete: und es geschah ein großes Erdbeben; und die Sonne wurde schwarz wie ein härener Sack, und der ganze Mond wurde wie Blut, und die Sterne des Himmels fielen auf die Erde, wie ein Feigenbaum, geschüttelt von einem starken Wind, seine Feigen abwirft. Und der Himmel schwand dahin wie ein Buch, das zusammengerollt wird, und jeder Berg und jede Insel wurden von ihren Stellen gerückt. Und die Könige der Erde und die Großen und die Obersten und die Reichen und die Mächtigen und jeder Sklave und Freie verbargen sich in die Höhlen und in die Felsen der Berge; und sie sagen zu den Bergen und zu den Felsen: Fallt auf uns und verbergt uns vor dem Angesicht dessen, der auf dem Thron sitzt, und vor dem Zorn des Lammes! Denn gekommen ist der große Tag ihres Zorns. Und wer vermag zu bestehen?

Vers 14

Und dieses Evangelium des Reiches wird gepredigt werden auf dem ganzen Erdkreis, allen Nationen zu einem Zeugnis, und dann wird das Ende kommen.

Offb 7,1-4.9.14

Nach diesem sah ich vier Engel auf den vier Ecken der Erde stehen; die hielten die vier Winde der Erde fest, damit kein Wind wehe auf der Erde, noch auf dem Meer, noch über irgendeinen Baum. Und ich sah einen anderen Engel von Sonnenaufgang heraufsteigen, der das Siegel des lebendigen Gottes hatte; und er rief mit lauter Stimme den vier Engeln zu, denen gegeben worden war, der Erde und dem Meer Schaden zuzufügen, und sagte: Schadet nicht der Erde, noch dem Meer, noch den Bäumen, bis wir die Knechte unseres Gottes an ihren Stirnen versie-

> gelt haben. Und ich hörte die Zahl der Versiegelten: Hundertvierundvierzigtausend Versiegelte, aus jedem Stamm der Söhne Israels. …
> Nach diesem sah ich: und siehe, eine große Volksmenge, die niemand zählen konnte, aus jeder Nation und aus Stämmen und Völkern und Sprachen, stand vor dem Thron und vor dem Lamm, bekleidet mit weißen Gewändern und Palmen in ihren Händen. …
> Und ich sprach zu ihm: Mein Herr, du weißt es. Und er sprach zu mir: Diese sind es, die aus der großen Drangsal kommen, und sie haben ihre Gewänder gewaschen und sie weiß gemacht im Blut des Lammes.

Was auch immer diese Texte bedeuten, so wird doch zumindest *eines* zweifelsfrei klar: Sie beziehen sich offensichtlich auf dieselben Geschehnisse. Wir haben somit eine gute Hilfe für die Auslegung und eine ausgezeichnete Kontrollmöglichkeit: Die Auslegung, wenn sie richtig sein soll, muss sowohl mit dem weiteren Kontext von Mt 24 als auch von Offb 6 harmonieren.

Die zweite Vorbemerkung bezieht sich auf die wichtige Frage, was mit den Christen (d.h. solchen, die in einer bewussten persönlichen Entscheidung Jesus Christus ihr Leben anvertraut und Ihn als ihren Retter und Herrn angenommen haben) in dieser Zeit geschieht und wo sie sich befinden. Wir können das Thema hier nicht mit der gebotenen Ausführlichkeit und Gründlichkeit behandeln, doch sind wir überzeugt, dass die bewusst an Christus glaubenden Christen, die zusammen die Gemeinde bilden, *vor* dieser Zeit der Drangsal aus der Welt weg- und in den Himmel aufgenommen werden. Diese so genannte *Entrückung* (1Thes 4,13-18) ist das nächste Ereignis im Plan Gottes mit dieser Welt und kann jeden Augenblick geschehen (1Kor 15,51-55). Sie bringt die Gläubigen in den

Himmel, in die Gegenwart ihres Herrn und Retters Jesus Christus (Joh 14,1-6), und bewahrt sie vor jener furchtbaren Drangsal, die dann über den Erdkreis kommen wird, jener *Stunde der Versuchung*, jenem großen Tag der Ausgießung des Zornes Gottes (1Thes 1,10; 5,9; 2Thes 2,1-12; Offb 3,10). Das bedeutet aber, dass plötzlich Millionen von Menschen von der Erde verschwunden sind. Eine rasche Verschlimmerung aller Lebensverhältnisse auf jedem Gebiet wird die Folge sein, von der Bibel der große *Abfall* genannt (2Thes 2,3). Denn wenn die Gläubigen, von Jesus als *Licht der Welt* (Mt 5,14) bezeichnet, weggenommen sind, wird diese Welt rasend schnell in tiefe Finsternis taumeln. Wenn die Christen, von Jesus auch als *Salz* (das klassische Mittel gegen Verderbnis und Fäulnis) der Erde (Mt 5,13) betitelt, entrückt sind, wird die Menschheit in ihrem moralischen Wesen schnell zu einem faulenden Kadaver werden, der von den Gerichten der Großen Drangsal entfernt werden muss. Diesen extremen Vergleich verwendet Jesus selbst in der »Ölbergrede«: *Denn wo irgend das Aas ist, da werden die Adler versammelt werden* (Mt 24,28).

Die Kadaver stehen für das abgefallene Juden- und Christentum und das gesamte Weltsystem, das sich gegen Gott und seinen Christus vereinigt hat. Die Adler oder Geier sind Bilder der Gerichte Gottes, die im Zusammenhang mit der Wiederkunft des Messias entfacht werden (W. MacDonald, Kommentar zum Neuen Testament, Bielefeld 1997, S. 135).

Eine dritte Vorbemerkung bezieht sich auf Mt 24,15: *Wenn ihr nun den Gräuel der Verwüstung, von welchem durch Daniel, den Propheten, geredet ist, stehen sehet an heiligem Orte (wer es liest, der beachte es)…* Hier verweist Jesus direkt auf Dan 9,26.27: *… wird der Messias ausgerottet werden. Und das Volk des kommenden Fürsten wird die Stadt und das Heiligtum zerstören, und das Ende davon wird durch die überströmende Flut sein; und bis ans Ende: Krieg, Festbeschlossenes von Verwüstungen. Und er wird einen festen Bund schließen* *mit den Vielen für eine Woche; und zur Hälfte der Woche wird er Schlachtopfer und Speisopfer aufhören lassen. Und wegen der Beschirmung der Gräuel wird ein Verwüster kommen; und zwar bis Vernichtung und Festbeschlossenes über das Verwüstete ausgegossen werden.*

Auch ohne detaillierte Kenntnis des Buches Daniel können wir hier den Ablauf erkennen: Etwa 30 n.Chr. wurde Christus gekreuzigt *(der Messias ausgerottet)*, und das *Volk des kommenden Fürsten* kann dadurch eindeutig identifiziert werden: Es können nur die Römer 70 n.Chr. gewesen sein (vor der Zerstörung Jerusalems und des Tempels 586 v.Chr. durch die Babylonier wurde kein *Messias ausgerottet*, und bei den verschiedenen Zerstörungen Jerusalems nach 70 n.Chr. gab es kein *Heiligtum* mehr, das hätte zerstört werden können).

Die tragische Geschichte Israels bis zur Zeit des *Endes,* die wir hier behandeln, wird knapp und treffend als eine Serie von *Kriegen und Verwüstungen* beschrieben. Wenn dann das Ende da ist, wird *er* einen *festen Bund* schließen mit den *Vielen.* Wer ist *er?* Dieses persönliche Fürwort kann sich nur auf den *kommenden Fürsten* beziehen. Es muss also irgendwie wieder eine Art römisches Volk oder Reich geben, zumindest aber eine Persönlichkeit, die mit einiger Berechtigung als *Fürst,* als Herrscher über ein solches römisches Reich bezeichnet werden kann. Und die Offenbarung beschreibt genau (v.a. Kap. 13 und 17) ein derartiges Phänomen! Dieser *Fürst* ist aus der Sicht Daniels und auch aus der Sicht der Zerstörung Jerusalems *kommend,* also noch zukünftig. Und dieser Herrscher über ein offensichtlich wiederhergestelltes römisches Reich schließt nun einen festen Bund mit den *Vielen,* ein im Buch Daniel oft verwendeter Ausdruck für die Mehrheit des jüdischen Volkes.

Wie kommt es zu diesem römischen Reich? Der Prophet Daniel, dem Gott wie kaum einem anderen Propheten in vielfacher Weise den Ablauf der Weltgeschichte geoffenbart hat (wir haben ein eindrückliches Beispiel in Kapitel 1 dieses Buches gesehen), schildert die Entwicklung, die zum Auftreten dieses *kommenden Fürsten* führt. – Zur Erinnerung: Es geht um die Aussage Jesu in Mt 24,15 und um die Frage, was mit dem *Gräuel der Verwüstung,* von welchem Daniel redet, gemeint ist. Auf diesen Ausdruck wollte Jesus die Aufmerksamkeit des Hörers und Lesers von Matthäus 24 offensichtlich ganz besonders richten.

Im Buch Daniel nun finden wir in Kapitel 2 den berühmten Traum des babylonischen Königs Nebukadnezar und seine Auslegung durch Daniel. Um Betrug bei der Traumdeutung auszuschließen, hatte Nebukadnezar von seinen Weisen verlangt, zuerst den Traum selbst herauszufinden und ihn erst dann auszulegen. Niemand war dazu in der Lage außer Daniel, weil er in Beziehung zum lebendigen Gott stand, der ihm den Traum und seine Deutung offenbarte.

In der Deutung des Traumes geht es um vier aufeinander folgende Weltreiche: das babylonische, das medo-persische, das griechisch-mazedonische und das römische Weltreich, symbolisiert durch die verschiedenen Materialien des Standbilds (Gold, Silber, Erz und Eisen). Dass diese Weltreiche im Bild eines Menschen dargestellt werden, weist auf ihre von Gott gegebene Aufgabe hin – sie sollten die Herrschaft Gottes auf dieser Erde repräsentieren.

In Daniel 7 werden sie noch einmal beschrieben, diesmal aber unter einem anderen Aspekt, nämlich als wilde Tiere. Dadurch wird der Charakter dieser Weltmächte zum Ausdruck gebracht: Sie waren alle weit entfernt von der Erfüllung ihres göttlichen Auftrags, weil der lebendige Gott in diesen Imperien und ihrer Machtpolitik weitgehend ausgeschlossen war. Der Vergleich des Standbilds aus vier Materialien (Dan 2) mit den vier wilden Tieren (Dan 7) verdeutlicht Schleiermachers Aussage:

Humanität ohne Divinität (Göttlichkeit) *wird zur Bestialität* (zitiert nach Liebi, Weltgeschichte im Visier des Propheten Daniel, Berneck 1990[3], S. 48).

Auch in Daniel 8 und in Sacharja 6 werden diese vier Weltreiche unter verschiedenen Blickpunkten beschrieben.

Die nachfolgende Skizze »Die 4 Weltreiche und ihr Ende« fasst die Aussagen der Bibel zu diesem Thema zusammen. Dabei ist besonders auffällig, dass das vierte Reich (also das römische), welches die Charakterzüge der drei vorangegangenen Reiche in sich vereinigt, unter Gewaltanwendung völlig zerstört und von einem anderen Königreich ersetzt wird, in welchem unschwer das Friedensreich des Messias erkannt werden kann. Das Eigenartige aber ist, dass das römische Reich sowohl 476 n.Chr. (Untergang West-Roms) als auch 1453 n.Chr. (Untergang Ost-Roms) eindeutig nicht von einem – wie auch immer gearteten – messianischen Friedensreich ersetzt worden ist.

Das lässt darauf schließen, dass das römische Reich oder eine bestimmte Form davon in der Zukunft wieder auftreten muss, da es eine unmittelbare Nahtstelle mit dem Friedensreich Jesu Christi hat, durch das es mit Gewalt vernichtet und ersetzt wird.

Und genau das sagt auch die Offenbarung. Dort sehen wir ein Tier auftauchen, *welches zehn Hörner und sieben Köpfe hatte. ... Und das Tier, das ich sah, war gleich einem Leopard, und seine Füße wie die eines Bären, und sein Maul wie eines Löwen Maul.* Es gleicht also verblüffend dem vierten Tier von Daniel 7 (welches das römische Weltreich symbolisiert) und vereinigt in sich die Charakterzüge der drei vorangegangenen »Tier«-Weltreiche – nämlich des Löwen (Babylon), des Bären (Medo-Persien) und des Leoparden (das Weltreich Alexanders und seiner Nachfolger).

Die 4 Weltreiche und ihr Ende

	Daniel 2	Daniel 7	Daniel 8 – Offenbarung	Sacharja 6
Das *babylonische* Reich (Nebukadnezar)	Haupt von Gold, »König der Könige«, Königtum, Macht, Gewalt und Ehre (Dan 2,37.38)	Löwe mit Adlersflügeln (Hes 17); vgl. 7,46 (Menschenherz) mit 4,16; (Dan 7,4)	(das babylonische Reich ist zur Zeit der Niederschrift von Daniel 8 bereits untergegangen)	Rote Pferde (Sach 6,2)
Das *medo-persische* Reich (Kyros / Darius)	Brust und Arme von Silber (Dan 2,39)	Bär (zwei Seiten, eine aufgerichtet) (Dan 7,5)	Widder mit zwei Hörnern, eines höher (Dan 8,3.4.20)	Schwarze Pferde, ziehen nach Norden (Sach 6,2.6)
Das *griechisch-mazedonische* Reich (Alexander / Diadochen)	Bauch und Lenden von Erz (Dan 2,39)	Leopard mit vier Flügeln, vier Köpfen (Dan 7,6)	Ziegenbock, ein großes Horn zerbricht ▶ 4 ansehnliche Hörner (Dan 8,5-8.21.22)	Weiße Pferde, gehen ihnen nach (Sach 6,3.6)
Das *römische-europäische* Reich	Schenkel von Eisen, Füße von Eisen/Ton, zehn Zehen (Dan 2,40.41)	Schreckliches und furchtbares, sehr starkes Tier, Eisenzähne, zehn Hörner (Dan 7,7)	Tier aus dem Meer, zehn Hörner, zehn Diademe (Offb 13) scharlachrotes Tier, zehn Hörner (Offb 17)	Schreckliche, starke Pferde, ziehen nach Süden, durchziehen die Erde (Sach 6,3.6.7)
Das Friedensreich des *Herrn* *Jesus Christus*	Der Stein (»ohne Hände«), der das Standbild zermalmt (Dan 2,44.45)	Der Sohn des Menschen mit den Wolken des Himmels (Dan 7,13.14)	Das Lamm (Offb 17) Der Treue und Wahrhaftige, das Wort Gottes, der König der Könige und Herr der Herren (Offb 19)	Der Mann, sein Name ist Spross; der König-Priester (Sach 6,12.13)

Dieses Tier nun spielt auch in Offb 17 eine wichtige Rolle, wo von ihm gesagt wird: *Das Tier, welches du sahest,* ***war*** *und* ***ist nicht*** *und* ***wird*** *aus dem Abgrund* ***heraufsteigen*** *und ins Verderben* ***gehen*** (V. 8). Hier wird also deutlich auf vier Phasen hingewiesen:

a) Das Tier *war:* das römische Weltreich, wie es einmal für lange Zeit seinen Platz auf der Bühne der Weltgeschichte hatte.
b) Das Tier *ist nicht:* Seit dem Untergang der römischen Weltmacht existiert es – trotz aller Versuche einer Erneuerung und Wiederherstellung – nicht.
c) Das Tier *wird* aus dem Abgrund *heraufsteigen:* Hier wird eine noch zukünftige Phase einer Wiederherstellung des römischen Weltreichs angekündigt.
d) Das Tier *wird* ins Verderben *gehen:* Schließlich wird es endgültig vernichtet werden.

Diese Wiederherstellung wird auch in Kap. 13 angedeutet: *Und ich sah einen seiner Köpfe wie zum Tode geschlachtet. Und seine Todeswunde wurde geheilt, und die ganze Erde verwunderte sich über das Tier.* Kein Wunder, denn noch nie hat es so etwas gegeben, dass ein Weltreich, zumal nach so langer Zeit, in seinen wesentlichen Charakterzügen und seiner Machtfülle wiederhergestellt worden ist. Das wird seinem zukünftigen Herrscher auch in den Augen vieler Menschen die Legitimation geben, jemand ganz Außergewöhnliches zu sein, der nicht mit normalen Maßstäben gemessen werden darf.

Und in der Tat: Dieses zukünftige, auf dem Boden Europas aus einem Bund von zehn Staaten entstehende Reich (*Und die zehn Hörner, die du sahst, sind zehn Könige, welche noch kein Königreich empfangen haben, aber Gewalt wie Könige empfangen eine Stunde mit dem Tiere. Diese haben einen Sinn und geben ihre Macht und Gewalt dem Tiere* [Offb

17,12-13]) ist so mächtig und, wie einst das römische Reich, jedem potenziellen Konkurrenten oder Gegner so weit überlegen, dass … *die ganze Erde ... sagte: Wer ist dem Tiere gleich? Und wer vermag mit ihm zu kämpfen?* (Offb 13,4). Natürlich: Mit »Rom« oder »Europa« verbinden sich viele Aspekte, und nicht nur und in erster Linie territoriale. Schon beim Territorium des römischen Reiches in seiner insgesamt über 2000-jährigen (von der sagenhaften Gründung Roms 753 v.Chr. bis zum Untergang Ost-Roms 1453 n.Chr.) Geschichte müsste man sich fragen: »Zu welchem Zeitpunkt?« »In welcher Ausdehnung?« Aber in diesem gewaltigen Machtgebilde auf dem materiellen und geistigen Boden des heutigen Europas, das wir hier (der Einfachheit halber, aber doch in Zusammenfassung vieler biblischer Aussagen) als »wiedererstandenes römisches Reich« bezeichnen, werden sicherlich viele geographische, wirtschaftliche, politische, militärische, kulturelle und nicht zuletzt religiöse und religionspolitische Aspekte des antiken römischen Reiches reproduziert werden und wieder erkennbar sein, wenn auch nicht vollständig und in exakter Kopie.

Der offensichtlich mit diktatorischen Vollmachten ausgestattete Führer und Herrscher dieser als Erbe des römischen Weltreiches fungierenden europäischen Supermacht also ist der *kommende Fürst* von Dan 9,26.27, der mit den *Vielen,* dem jüdischen Volk, einen Bund schließt zum Schutz vor den Feinden, die Israel dann umgeben und bedrohen werden. Das Grauenvolle dabei aber ist, dass Israel diesen Schutzbund mit der Inkarnation des Bösen schlechthin geschlossen haben wird. Der Prophet Jesaja kommentiert: *Ihr sprechet: Wir haben einen Bund mit dem Tode geschlossen und einen Vertrag mit dem Totenreich gemacht: wenn die überflutende Geißel* (ein Ausdruck für die Israel bedrohenden fremden Mächte) *hindurchfährt, wird sie nicht an uns kommen; denn wir haben die Lüge zu unserer Zuflucht gemacht und in der Falschheit uns geborgen.* Das Bündnis wird übrigens seinen Zweck nicht erfüllen: *Und euer Vertrag mit dem Tode wird zunichte werden, und euer Vertrag mit dem Totenreich nicht bestehen: wenn die überflutende Geißel hindurchfährt, so werdet ihr von derselben zertreten werden* (Jes 28,15.18).

Eindeutig ist jedenfalls, dass nach Dan 9,27 – der Vers wird in Mt 24,15 von Christus selbst ausdrücklich (»*Wer es liest, der beachte es!*«) zitiert – ein wiedererstandenes römisches Reich, eine Art europäische Supermacht mit einem diktatorischen Herrscher bestehen muss, die mit dem jüdischen Staat und Volk ein Schutzbündnis schließt, und zwar für *eine Woche*.

Diese *Woche* sind eigentlich sieben Jahre, wie aus dem Vergleich folgender Schriftstellen hervorgeht: In 3. Mose 25,8 werden 7 Perioden (»*...und du sollst dir sieben Jahrsabbathe [oder ›Sabbathjahre‹] zählen, sieben mal sieben Jahre ...*«) erwähnt, die auch eine Art *Woche* bilden, nämlich von einem Sabbat bis zum nächsten – nur dauert es von einem Sabbat bis zum nächsten nicht sieben Tage, sondern sieben Jahre. Daraus können wir schließen, dass die Dauer des Bündnisses von Dan 9,27 nicht eine Woche von sieben Tagen (wer würde angesichts einer tödlichen militärischen Bedrohung so töricht sein und einen Bund mit der aberwitzig kurzen Dauer von sieben Tagen [!] schließen), sondern von sieben Jahren beträgt. Verdeutlichen können wir das durch den Umstand, dass Dan 9,27 den Zeitraum dieses Bündnisses in zwei Hälften teilt (»*und zur Hälfte der Woche wird er Schlachtopfer und Speisopfer aufhören lassen*«) und die Dauer der zweiten Hälfte häufig in der Bibel angegeben ist:

- Dan 7,25: *Und er wird darauf sinnen, Zeiten und Gesetze zu verändern, und sie werden eine Zeit und Zeiten und eine halbe Zeit in seine Hand gegeben werden.*

- Dan 12,6.7: *Wie lange wird dauern das Ende dieser wunderbaren Dinge? ... und er erhob seine Rechte und seine*

Linke zum Himmel und schwor bei dem, der ewig lebt: Eine Zeit, Zeiten und eine halbe Zeit.

- Offb 11,2-3: *Denn er* (der Vorhof des Tempels) *ist den Nationen gegeben worden, und sie werden die heilige Stadt zertreten zweiundvierzig Monate. Und ich werde meinen zwei Zeugen Kraft geben, und sie werden tausendzweihundertsechzig Tage weissagen.*

- Offb 12,6: *Und die Frau* (ein symbolischer Ausdruck für die gläubigen Juden) *floh in die Wüste, woselbst sie eine von Gott bereitete Stätte hat, auf dass man sie daselbst ernähre tausendzweihundertsechzig Tage.*

- Offb 12,14: *Und es wurden der Frau die zwei Flügel des großen Adlers gegeben* (vgl. 2Mo 19,4; 5Mo 1,31; 32,10-12, wo sich Gott mit einem Adler vergleicht, der Sein Volk Israel auf Seinen Schwingen sicher durch die gefährliche Wüste trägt)*, auf dass sie in die Wüste fliehe, an ihre Stätte, woselbst sie ernährt wird eine Zeit und Zeiten und eine halbe Zeit.*

- Offb 13,5: *Und es wurde ihm* (dem Herrscher über das wiederhergestellte römische Reich) *Gewalt gegeben, zweiundvierzig Monate zu wirken.*

Die zweite Hälfte der Woche hat also eine Dauer von genau dreieinhalb Jahren zu je 360 Tagen, d.h. der Bund wird für sieben Jahre geschlossen.

Zusammenfassend wollen wir also zu Mt 24,15 folgende wichtige Aspekte festhalten: die der *Ankunft* des Messias und der *Vollendung des Zeitalters* vorausgehende Periode umfasst die bereits mehrfach erwähnte *Jahrwoche* von Dan 9,27 (sie ist die letzte von insgesamt siebzig Siebenjahresperioden und wird deshalb oft *letzte* oder *siebzigste Jahrwoche*

Daniels genannt). Diese wiederum zerfällt, wie wir ebenso gesehen haben, in zwei zeitgleiche Hälften, in deren Mitte die in Mt 24,15 erwähnten Ereignisse stehen, d.h. der dort erwähnte *Gräuel der Verwüstung* löst eine Kettenreaktion von Geschehnissen aus, die der zweiten Hälfte der siebzigsten Jahrwoche ihren Charakter geben und die mit dem sichtbaren Wiederkommen Jesu Christi in Macht und großer Herrlichkeit ihren Abschluss finden.

Die Verse der »Ölbergrede« *vor* Mt 24,15 (V. 5-14) beschreiben demnach die *erste Hälfte* der siebzigsten Jahrwoche und werden dort als *Anfang der Wehen* (V. 8) und *noch nicht das Ende* (V. 6) bezeichnet. Die Verse mit und *nach* Mt 24,15 (V. 15-28) nennt Jesus *das Ende* und die *große Drangsal, dergleichen von Anfang der Welt bis jetzthin nicht gewesen ist, noch je sein wird.* Im letzten Drittel dieser Rede des Herrn über Seine Ankunft wird dann Sein Kommen beschrieben, das unmittelbar *nach der Drangsal jener Tage* stattfindet (V. 29-31).

Dabei entspricht der ersten Hälfte der siebzigsten Jahrwoche in Mt 24,5-14 das Kapitel 6 (und 7) der Offenbarung, mit der zweiten Hälfte der Jahrwoche in Mt 24,15-28 korrespondiert Offenbarung 8-18, und die Wiederkunft Jesu in Mt 24,29-31 hat ihr Gegenstück in Offb 19. Man könnte diese Bezüge wie in folgender Tabelle darstellen:

1. Hälfte der 70. Jahrwoche	**2. Hälfte der 70. Jahrwoche**	**Wiederkunft**
noch nicht das Ende *Anfang der Wehen* Mt 24,5-14 Offb 6+7	*das Ende* *große Drangsal* Mt 24,15-28 Offb 8-18	 *nach der Drangsal* Mt 24,29-31 Offb 19

Nach diesem Abschluss unserer Vorbemerkungen wollen wir uns der Reihe nach mit den Versen 5 bis 14 der »Ölbergrede« beschäftigen, welche die erste Hälfte der 70. Jahrwoche bzw. den *Anfang der Wehen* beschreiben, die ein neues Zeitalter für diesen Planeten einleiten werden. Wir wollen das aus bereits zu Beginn dieses Kapitels erwähnten Gründen tun in ständigem Querbezug zu Offb 6, wo die dort genannten sechs Siegel denselben *Anfang der Wehen* beschreiben, wenn auch etwas ausführlicher und zum Teil aus leicht verändertem Blickwinkel. Um den Argumenten leichter folgen zu können, haben wir die betreffenden Verse von Mt 24 (Verse 3 bis 14) und von Offb 6 zu Anfang dieses Kapitels zweispaltig abgedruckt (der für die zweite Hälfte der 70. Jahrwoche relevante Text von Mt 24,15ff. im Vergleich mit Daniel und Offenbarung findet sich zu Beginn des 5. Kapitels »Die Große Drangsal«).

Jesus beginnt also nun mit Seiner Antwort auf die Frage der Jünger in Mt 24,3 (*»Wann wird das sein, und was ist das Zeichen deiner Ankunft und der Vollendung des Zeitalters?«*): *Sehet zu, dass euch niemand verführe! Denn viele werden unter meinem Namen kommen und sagen:* ***Ich*** *bin der Christus! Und sie werden viele verführen* (Mt 24,4-5).

Wenn auch dieser und die folgenden neun Verse sicher auf Schwierigkeiten und Nöte bezogen werden können, die das ganze gegenwärtige Zeitalter seit dem Weggang Christi aus dieser Welt kennzeichnen, so beschreiben sie doch in besonderer Weise die immer notvoller werdende Zeit in den letzten Jahren vor der Wiederkunft des Messias. Schon das Alte Testament weist häufig auf solche Drangsale vor dem Kommen des Herrn hin (z.B. Joel 2,1-17; Hosea 5,14; Jeremia 30,4-9; Hesekiel 21,27; Daniel 12,1; Micha 7,1-7; Habakuk 3,16). Auch die jüdische Überlieferung ist in Übereinstimmung mit der Schrift der Auffassung, dass die dem herrlichen Kommen des Messias vorausgehenden Tage eine Zeit der *Wehen und*

Drangsale ist. Eine dieser Überlieferungen ist so erstaunlich, dass wir sie zitieren: *Sieben Jahre der Drangsal kommen vor dem Kommen des Messias. Im ersten Jahr vor dem Kommen des Sohnes Davids wird die Prophezeiung von Amos (Amos 4,7) in Erfüllung gehen. Im zweiten Jahr der Drangsal wird es eine Hungersnot von sechs Monaten geben. Im dritten Jahr wird große Hungersnot sein. Viele Männer, Frauen und Kinder werden sterben, und der Frommen werden wenige sein. Das Gesetz und die Propheten werden in Israel vergessen sein. Die letzten Jahre werden Zeichen am Himmel bringen und Kriege, und am Ende des siebten Jahres wird der Sohn Davids kommen* (Rabbi Jochanan, zitiert nach A.C. Gaebelein, The Gospel of Matthew, Neptune, New Jersey 1982[5], S. 479).

Der Warnung des Sohnes Gottes in Mt 24,5 vor der Verführung durch falsche Christusse entspricht das erste Siegel in Offb 6,2. Dort lesen wir von einem Reiter auf einem *weißen Pferd, und der darauf saß, hatte einen Bogen; und eine Krone wurde ihm gegeben, und er zog aus, siegend und auf dass er siegte.* Es ist erstaunlich, dass viele Ausleger diesen Reiter auf Christus bezogen haben. Zwar wird Christus in Offb 19 tatsächlich als auf einem weißen Pferd reitend geschildert, aber dies erst am Ende der Offenbarung, wenn Er sichtbar in Macht und großer Herrlichkeit wiederkommt. Der Reiter auf dem weißen Pferd unter dem ersten Siegel ist ein »gefälschter« Christus. Er ist ein Eroberer auf einem unblutigen Siegeszug, indem er einen falschen und trügerischen Frieden unter den Völkern stiftet. Er gleicht einem siegreichen Feldherrn, einem Völkerbezwinger, der wie ein römischer Kaiser nach gewonnenem Krieg auf einem weißen Pferd in die Hauptstadt des besiegten Landes einzieht. Der Bogen, eine Waffe, die in die Ferne reicht, weist darauf hin, dass große Entfernungen gemeistert, weite Räume beherrscht werden, das Friedens- (und vielleicht auch Einigungs-?)werk zügig vorangetrieben wird. Es wird ihm deshalb leicht fallen, sich als eine Art Messias darzustellen, als Garant für den seit Jahrtausenden ersehnten Weltfrieden.

Doch trotz aller Reden von Frieden und Sicherheit und des sehnsüchtigen Hoffens der Menschen darauf geht es in dieser notvollen Zeit unsicherer und friedloser zu als je zuvor: *Ihr werdet aber von Kriegen und Kriegsgerüchten hören. ... Denn es wird sich Nation wider Nation erheben und Königreich wider Königreich*, sagt der Herr Jesus. Der zweite Reiter von Offb 6 entspricht dem genau: *Und es zog aus ein anderes, feuerrotes Pferd; und dem, der darauf saß, ihm wurde gegeben, den Frieden von der Erde zu nehmen, und dass sie einander schlachteten, und ein großes Schwert wurde ihm gegeben* (Offb 6,4). Ein Pferd stellt an sich schon in unserem Bewusstsein und auch in der Symbolik der Bibel eine aggressive und unwiderstehliche Macht dar, und die feuerrote Farbe symbolisiert kriegerische Brutalität. Es kommt zu furchtbaren Klassenkämpfen und Bürgerkriegen, zu mörderischen Kolonial- und Wirtschaftsschlachten um die jetzt schon immer knapper werdenden Ressourcen. Es ist durchaus denkbar, dass die jetzt schon schweren Auseinandersetzungen um Energiebeschaffung und Abfallbeseitigung, Luftverschmutzung und Wasserverseuchung dann mit brutalster Kriegsgewalt geführt werden.

Die unmittelbaren Folgen von Kriegen sind immer *Hungersnöte und Seuchen* (Mt 24,7b) aufgrund zerstörter Produktionsanlagen und Transportmittel, wie wir es immer wieder eindrücklich vor Augen gemalt bekommen. Das schwarze Pferd unter dem dritten Siegel von Offb 6,5.6 spricht von Wirtschaftskatastrophen, Lebensmittelverknappung, Teuerung und einer unglaublichen Hungersnot. *»Ein Chönix Weizen für einen Denar und drei Chönix Gerste für einen Denar«* (Offb 6,6). *Ein Denar ist der Tageslohn für einen Tagelöhner (Mt 20,2). Ein Chönix ist die Menge, die ein Arbeiter etwa bei einer Mahlzeit aufisst, oder seine Tagesration. Für seinen Ta-*

geslohn kann er also nach Vers 6 nur drei Chönix Gerste und nur ein Chönix Weizen kaufen, und hat dabei noch nichts für seine Frau und Kinder und andere Bedürfnisse übrig. Man nimmt an, dass dies einer Inflation von 1.000-1.200% (!) entspricht (W.J. Ouweneel, De Openbaring van Jezus Christus, Bd. 1, Vaassen 1988, S. 240).

Schließlich werden von Christus neben Hungersnöten auch *Seuchen und Erdbeben an verschiedenen Orten* vorausgesagt. Dieser Entwicklung entspricht der vierte Reiter von Offenbarung 6 auf einem *fahlen* oder *blassgrünen* Pferd. Es ist der Tod selbst in Verbindung mit dem Hades, dem Totenreich. Eine furchtbare Ernte wird eingefahren: Ein Viertel der Erdbevölkerung stirbt durch *Schwert, Hunger, (Pest-)Tod und die wilden Tiere der Erde* (Offb 6,8).

Dies alles ist aber erst der *Anfang der Wehen,* d.h. diese Umstände, wenn auch für viele noch nicht als direktes Eingreifen Gottes erkennbar, markieren das Einsetzen von unbeschreiblichen Geburtswehen für diesen Planeten, woraus schließlich eine wirklich *Neue Weltordnung* unter dem Messias-König Israels hervorgehen wird.

Das also sind die ersten vier Siegel mit den berüchtigten *vier Reitern der Apokalypse,* die ersten vier Gerichte, welche die Ankunft Jesu Christi, die *Vollendung* dieses *Zeitalters* und den Beginn eines neuen Zeitalters ankündigen. So schrecklich sie sind, sind sie doch erst *der Anfang der Wehen,* die sich noch zu einem unvorstellbaren Ausmaß steigern werden.

Unter dem fünften Siegel sehen wir nun keinen Reiter, sondern stattdessen hören wir *unter dem Altar die Seelen derer, die geschlachtet worden waren um des Wortes Gottes und um des Zeugnisses willen, das sie hatten. Und sie riefen mit lauter Stimme und sprachen: Bis wann ...* (Offb 6,9-10a). Wer sind diese? Sicherlich keine Gläubigen, die zur Gemeinde gehören, denn sie sind zu dieser Zeit – siehe die zweite Vorbemerkung zu Beginn dieses Kapitels – schon von der Erde weggenommen und zu ihrem Herrn und Retter entrückt (1Thes 4,17).

Auch wenn unmittelbar nach der Entrückung für einen Augenblick kein einziger Gläubiger auf der Erde ist, nicht *ein* Mensch, der in einer lebendigen Beziehung zu Gott steht, so macht die Bibel doch deutlich, dass der Geist Gottes rasch unter den Juden zu wirken beginnt und viele von ihnen zur Überzeugung gelangen, dass Jesus von Nazareth, den ihre Vorfahren gemeinsam mit den Römern vor zwei Jahrtausenden ans Kreuz genagelt haben, doch der im Alten Testament verheißene Messias ist. Staunend werden sie mit den Worten aus dem Propheten Jesaja zur Einsicht gelangen, dass sie diesen Jesus, den *Mann der Schmerzen,* in tragischer Verkennung *verachtet und für nichts geachtet* haben. Jesaja 53,4-5 wird für sie Realität werden: ***Er*** *hat unsere Leiden getragen, und unsere Schmerzen hat* ***er*** *auf sich geladen. Und* ***wir,*** *wir hielten ihn für bestraft, von Gott geschlagen und niedergebeugt; doch um* ***unserer*** *Übertretungen willen war* ***er*** *verwundet, um* ***unserer*** *Missetaten willen zerschlagen. Die Strafe zu unserem Frieden lag auf* ***ihm,*** *und durch* ***seine*** *Striemen ist uns Heilung geworden!*

Diese *Verständigen,* wie der Prophet Daniel sie nennt, werden ihren Glauben aber nicht für sich behalten, sondern sie werden *die Vielen* (d.h. die Mehrheit des jüdischen Volkes) *unterweisen* (Dan 11,33a). Diese Verkündigung ihres Glaubens wird sie aber sehr viel kosten, vielen sogar das Leben, denn extreme Gottlosigkeit prägt zu dieser Zeit die Atmosphäre der ganzen Welt: »… *aber sie* (die ›Verständigen‹) *werden fallen durch Schwert und Flamme, durch Gefangenschaft und Raub, eine Zeit lang. ... Und von den Verständigen werden einige fallen* …« (Dan 11,33b.35). Genau das wird auch von den *Seelen unter dem Altar* gesagt, nämlich dass *sie geschlachtet worden waren um des Wortes Gottes und um des Zeugnisses willen, das sie hatten* (Offb 6,9). Es sind also Juden, die nach der Entrückung der Gemeinde zum Glauben gekommen sind, mutig und mit Todesverachtung die frohe Botschaft der Errettung verkünden – nicht nur in Israel, sondern auch »*auf dem ganzen Erdkreis*«, wie wir in Mt 24,14 lesen – und dabei den Märtyrertod erleiden.

Dasselbe sagt auch der parallele Vers in der »Ölbergrede«: *Dann werden sie euch* (die Jünger – ausschließlich Juden – werden im Matthäusevangelium häufig als »Repräsentanten« der in der Drangsalszeit zum Glauben kommenden Juden angesprochen) *in Drangsal überliefern und euch töten; und ihr werdet von allen Nationen gehasst werden um meines Namens willen* (Mt 24,9).

Auch viele Aspekte im Missionsbefehl in Matthäus 10 beziehen sich auf diese Zeit: *Siehe, ich sende euch wie Schafe inmitten von Wölfen; so seid nun klug wie die Schlangen und einfältig wie die Tauben. Hütet euch aber vor den Menschen; denn sie werden euch an Synedrien überliefern und in ihren Synagogen euch geißeln; und auch vor Statthalter und Könige werdet ihr geführt werden um meinetwillen, ihnen und den Nationen zum Zeugnis. ... Es wird aber der Bruder den Bruder zum Tode überliefern, und der Vater das Kind; und Kinder werden sich erheben wider die Eltern und sie zum Tode bringen. Und ihr werdet von allen gehasst werden um meines Namens willen. ... Wahrlich, ich sage euch, ihr werdet mit den Städten Israels* ***nicht*** *zu Ende sein, bis der Sohn des Menschen gekommen sein wird* (Mt 10,16-23).

Gerade der letzte Satz macht eindeutig klar, dass dieser Missionsauftrag sich bis unmittelbar zur Wiederkunft Jesu hinzieht, also zumindest auch mit der Evangeliumsverkündigung in der Drangsalszeit zu tun hat. Eindringlich sehen wir hier auch den furchtbaren Hass und das tödliche Misstrauen, das selbst die engsten Familienbande durchseucht, sodass diese jüdischen Gläubigen damit rechnen müssen, vom eigenen Bruder, vom eigenen Vater, ja sogar von den eigenen Kindern (!) denunziert und bestialischen Henkern überliefert zu werden!

Auch in der »Ölbergrede« spricht Jesus im nächsten Vers von den völlig vergifteten und zerstörten zwischenmenschlichen Beziehungen in dieser furchtbarsten Periode der Menschheitsgeschichte: *Und dann werden viele geärgert werden* (d.h. »Anstoß nehmen«, »zu Fall kommen«) *und werden einander überliefern und einander hassen* (Mt 24,10). In diesem völligen Chaos haben Verführer ein leichtes Spiel: *Und viele falsche Propheten werden aufstehen und werden viele verführen* (24,11). Sie bereiten den Weg für **den** falschen Propheten schlechthin, *der Hörner hat wie ein Lamm und redet wie ein Drache* (Offb 13,11), den *Gesetzlosen,* den *Menschen der Sünde, den Sohn des Verderbens, welcher widersteht und sich selbst erhöht über alles, was Gott heißt oder ein Gegenstand der Verehrung ist* (2Thes 2,3-8), die Inkarnation Satans selbst – den Antichristen.

Und wegen des Überhandnehmens der Gesetzlosigkeit wird die Liebe der Vielen erkalten (Mt 24,12). Eine Periode nie da gewesener Anarchie bei gleichzeitiger Eiseskälte menschlicher Gefühlsregungen wird den Weg dafür ebnen, dass *das Tier,* die Bestie aus dem Meer mit der Zahl 666, die Verkörperung des satanischen Drachen, alle Macht an sich reißt. In der Parallelstelle zu Mt 24,10-13 – Offb 6,12-17 – wird im Zusammenhang mit dem sechsten Siegel dieses internationale Wirrwarr von Revolutionen, Bürgerkriegen und völliger Anarchie noch eingehender geschildert. Hier brechen Gerichte los, die noch viel schrecklicher sind als die unter den ersten vier Siegeln. Beim Öffnen des sechsten Siegels, unmittelbar vor der eigentlichen *Großen Drangsal* (in Offenbarung unter dem siebten Siegel zusammengefasst), geschieht ein großes

Erdbeben. Das bringt nicht nur die Erde an bestimmten Orten, sondern das ganze Sonnensystem ins Wanken. Wenn hier davon die Rede ist, dass die *Sonne schwarz wurde wie ein härener Sack und der ganze Mond wie Blut wurde und die Sterne des Himmels auf die Erde fielen* (6,12.13a), dann muss das offensichtlich symbolisch aufgefasst werden. Denn würde die Sonne buchstäblich schwarz, wäre kein Leben mehr möglich. *Und jeder Berg und jede Insel wurden aus ihren Stellen gerückt* (V. 14b). Wenn dies buchstäblich zu verstehen wäre, könnten sich alle Menschen in V. 15 nicht mehr in den Höhlen und Felsen der Berge verstecken. Was bedeuten dann diese Symbole? Sie werden ebenso wie im Alten Testament als Bilder gebraucht, um mächtige Herrscher anzudeuten. Die Himmelskörper, die hier ihren Glanz verlieren oder vom Himmel fallen, stellen also Herrscher dar, die moralische Lichtträger sein sollten, aber gestürzt werden oder ihrerseits Tod verbreiten (Blut), wodurch überall chaotische Zustände entstehen. Dazu kommt noch, dass der Himmel *entwich wie ein Buch, das aufgerollt wird* (V. 14a). Ein aufgerolltes Buch kann man nicht mehr lesen. Die Gedanken des Himmels (d.h. Gottes) werden verdunkelt. Es gibt kein Licht, keine Führung und Leitung mehr von oben, nur noch völlige moralische Verfinsterung. Die *Berge* sind auch Hinweise auf starke Herrscher, gesehen als große, unerschütterliche Mächte. Im Alten Testament ist eine Insel ein Symbol für eine Handelsmacht. Alles steht Kopf: Eine gigantische Revolution überflutet die Erde, und alles, was dem Menschen noch Sicherheit und Stütze verliehen hat, zerbricht. Was kommt dabei heraus? Dasselbe wie bei jeder anderen Revolution – ein totalitäres Regime, eine absolute Diktatur. Aus diesem internationalen Chaos wird sehr wahrscheinlich der Alleinherrscher über das wiedererstandene römische Reich hervorgehen. Unter dem ersten Siegel (Offb 6,2) haben wir den Beginn des Siegeszugs dieses Herrschers gesehen – des *kommenden Fürsten* von Dan 9,26, des grauenvollen Tieres von Offb 13,1-8, der inmitten all dieser Katastrophen, die über die Erde kommen, seine Macht immer mehr festigen wird, um schließlich, wenn Satan aus dem Himmel geworfen ist (Offb 12,9), von diesem seine definitive Alleinherrschaft zu empfangen (Offb 13,2).

Und die Könige der Erde und die Großen und die Obersten und die Reichen und die Starken und jeder Sklave und Freie (V. 15), also die ganze Menschheit, sind so erschrocken und entsetzt, dass sie sich in den Höhlen und Felsen der Berge zu verstecken suchen. Dort finden wir auch die Reichen und (gesellschaftlich) Starken; alles, worauf sie ihr Vertrauen gesetzt haben, wirtschaftliche und industrielle Macht, alles stürzt ein. Zum ersten Mal erkennen die Menschen hier, dass diese Katastrophen mehr sind als nur Naturkräfte und andere unglückliche Umstände. Zum ersten Mal sagen sie zu den Bergen und Felsen: *Fallet auf uns und verberget uns vor dem Angesicht dessen, der auf dem Thron sitzt, und vor dem Zorne des Lammes; denn gekommen ist der große Tag seines Zornes, und wer vermag zu bestehen?* Zum ersten Mal beginnen sie, an Gott zu denken, ja sogar an *das Lamm,* dessen Zorn sie fürchten, wie sanft und langmütig ein Lamm auch sein mag. Sie haben wahnsinnige Angst … aber sie bekehren sich nicht! (Vgl. W.J. Ouweneel, De Openbaring van Jezus Christus, Bd. 1, Vaassen 1988, S. 245-248).

Dann spricht der Herr Jesus in der »Ölbergrede« nochmals über die jüdischen Gläubigen, die in dieser Zeit zum Glauben gekommen sind und – oft unter Einsatz ihres Lebens, wie wir gesehen haben – das rettende Evangelium verkündigen: *Und dieses Evangelium des Reiches wird gepredigt werden auf dem ganzen Erdkreis, allen Nationen zu einem Zeugnis, und dann wird das Ende kommen* (Mt 24,15). Das *Evangelium des Königreiches* (so wörtlich) ist die frohe Botschaft, dass Jesus Christus wiederkommt, um Seine Königsherrschaft und Sein Reich auf der Erde aufzurichten, und dass diejenigen, die Ihn während der Drangsalszeit im Glauben als ihren Erlöser annehmen, die Segnungen Seiner messianischen Friedensherrschaft erfahren werden. In Offb 7,9-17 wird die überreiche Frucht der furchtlosen Predigt dieser jüdischen Gläubigen sichtbar (vgl. die Gegenüberstellung von Mt 24,14 und Offb 7 in der Übersicht zu Beginn dieses Kapitels): *Siehe, eine große Volksmenge, welche niemand zählen konnte, aus jeder Nation und aus Stämmen und Völkern und Sprachen, und sie standen vor dem Throne und vor dem Lamme* (Offb 7,9). Das Evangelium des Reiches wird *auf dem ganzen Erdkreis gepredigt* (Mt 24), und *eine große Volksmenge aus jeder Nation* (Offb 7) kommt zum Glauben. Sie haben in dieser notvollen Zeit ihre Zuflucht bei dem auch für ihre Sünden gestorbenen Christus gesucht, denn *dies sind die, welche aus der großen Drangsal kommen, und sie haben ihre Gewänder gewaschen und haben sie weiß gemacht in dem Blute des Lammes* (Offb 7,14). Im Anschluss an diese Schilderung wird in Offb 8 das siebente Siegel geöffnet, unter dem sich die eigentliche Große Drangsal verbirgt, die grauenvollste und schrecklichste Zeit, die je über diese Erde gekommen ist. Die Parallele in der »Ölbergrede« lautet: *… und dann wird das Ende kommen* – der Countdown für das gewaltigste Ereignis der Geschichte beginnt …

KAPITEL 4

Der Gräuel der Verwüstung – die Masken fallen

It's a shadowy world,
skies are slippery grey,
a woman just gave birth to a prince today
and dressed him in scarlet.
He'll put the priest in his pocket,
put the blade to the heat,
take the motherless children of the street
and place them at the feet of the harlot.

Es ist eine Welt voller Schatten,
der Himmel ein schleimiges Grau,
eine Frau hat heute gerade einen Prinzen geboren
und ihn in Scharlach gehüllt.
Er wird den Priester in die Tasche stecken,
die Klinge im Feuer schmieden,
die mutterlosen Kinder von der Straße holen
und sie der Hure zu Füßen legen.

Bob Dylan, »*Jokerman*«

Das in Mt 24,15 *Gräuel der Verwüstung* genannte Ereignis wird die Lawine lostreten, die zu der Kettenreaktion von welterschütternden Geschehnissen der so genannten *Großen Drangsal* führt (Mt 24,21), die schließlich in der sichtbaren Wiederkunft Jesu Christi in Macht und großer Herrlichkeit gipfeln.

Wie bereits in Kapitel 3 deutlich geworden ist, wird in Europa in etwa auf dem Gebiet und mit wesentlichen Charakterzügen des römischen Weltreiches ein zunächst aus einem Bündnis von zehn Machthabern bestehendes mächtiges Reich entstehen (Dan 2,41: *zehn Zehen*; Dan 7,7.24: *zehn Hörner*; Offb

13,1; 17,4.7: *zehn Hörner*; Dan 7,24; Offb 17,12.13: *zehn Könige*), das schließlich von einem diktatorischen Alleinherrscher regiert wird: *Und die zehn Hörner, die du sahst, sind zehn Könige, welche noch kein Königreich empfangen haben, aber Gewalt wie Könige empfangen* ***eine*** *Stunde mit dem Tiere. Diese haben* ***einen*** *Sinn und geben ihre Macht und Gewalt dem Tiere* (Offb 17,12.13). *Das vierte Tier: ein viertes Königreich wird auf Erden sein, welches von allen Königreichen verschieden sein wird; und es wird die ganze Erde verzehren und sie zertreten und sie zermalmen. Und die zehn Hörner: aus jenem Königreich werden zehn Könige aufstehen; und ein anderer wird nach ihnen aufstehen, und dieser wird verschieden sein von den vorigen und wird drei Könige erniedrigen* (Dan 7,23.24).

Dieser Alleinherrscher nun wird im Anfangsstadium seiner Karriere als der große Friedensstifter (der erste Reiter von Offb 6,2) und *kommende Fürst* einen *festen Bund mit den Vielen schließen für eine Woche.* Dieses für sieben Jahre (siehe Kapitel 3) angelegte feste Bündnis zwischen dem aufstrebenden Machthaber des schnell zur stärksten Macht heranwachsenden wiederhergestellten römischen Reiches und dem jüdischen Volk wird in Daniel 9,27 beschrieben und in Jesaja 28,15.18 und 57,9 kommentiert.

Wie sieht es zu dieser Zeit in Israel aus? Israel ist seit fast 60 Jahren ein souveräner Staat, die 2000-jährige Zerstreuung der Juden hat ein Ende gefunden, auch wenn die Mehrheit von ihnen immer noch als Bürger anderer Nationen lebt. Die Rückkehr in das Land war bei den wenigsten an den Glauben an einen Messias gekoppelt, und auch heute betrachtet die Mehrheit der Juden das Alte Testament eher als ihr Nationalepos denn als Offenbarung des lebendigen Gottes. Dennoch ist diese Rückkehr Israels für Christen eine wichtige Warnung, dass das Kommen des Herrn für die wahren Gläubigen, die Entrückung der Gemeinde (1Thes 4,13-17), nicht mehr allzu lange auf sich warten lässt. Denn die weiteren in der Bibel vorausgesagten Ereignisse im Zusammenhang mit dem jüdischen Volk werden großenteils, wenn nicht sogar vollständig, stattfinden, *nachdem* die Gemeinde in den Himmel aufgenommen worden ist.

Was Israel betrifft, so wird kurze oder längere Zeit vor Beginn der 70. Jahrwoche Daniels – dem Beginn des Bundesschlusses mit dem römischen Herrscher – eine faszinierende Persönlichkeit zum Staatsoberhaupt werden. Er wird sich in seinem wahren Charakter noch nicht offenbaren und von *den Vielen*, der Mehrheit der Juden sogar, als Messias angesehen werden. Jesus warnte schon zur Zeit Seines Erdenlebens vor diesem in diametralem Gegensatz zu Ihm selbst stehenden gottlosen Führer der Juden: ***Ich** bin in dem Namen meines Vaters gekommen und ihr nehmet mich nicht auf; wenn ein anderer in seinem eigenen Namen kommt, den werdet ihr aufnehmen* (Joh 5,43). Den wahren Messias, der nicht Seine eigene Ehre suchte, sondern die Ehre dessen, der Ihn sandte, hatten sie schmählich verworfen und gemeinsam mit den Römern ans Kreuz gebracht. Aber den Mann, der in seinem eigenen Namen kommen wird, ja, der von Satan selbst beseelt sein wird, den werden sie mit Freuden aufnehmen und als messianischen Führer verehren.

Welch eine Position nimmt dieser Mann ein! Er ist nicht nur der falsche Messias, der Ausdruck des abgefallenen Judentums, sondern auch die Verkörperung des tiefsten Abfalls der Christenheit. Von ihm wird gesagt, dass er der *Antichrist* ist, *der den Vater und den Sohn leugnet* – die Kernwahrheit des Christentums (1Jo 2,22a). Aber er leugnet ebenso, *dass Jesus der Christus (= der im AT verheißene Messias) ist* (1Jo 2,22b), die alles entscheidende Wahrheit für jeden Juden, der in eine lebendige Beziehung zu Gott treten möchte. So manifestiert er sich auch als falscher *Jude.*

Dieser Antichrist ist also wahrscheinlich ein jüdischer Namenschrist oder ein namenschristlicher Jude, der sowohl vom Judentum als auch vom Christentum abfällt. Ausgerechnet diesen Mann – schon sein Name deutet an, dass er der große Feind Christi ist –, werden die Juden zu ihrem König machen. Eine recht ausführliche Beschreibung dieser Person und ihrer Handlungen finden wir in Dan 11,36-39: *Und der König wird nach seinem Gutdünken handeln, und er wird sich erheben und groß machen über jeden Gott, und wider den Gott der Götter wird er Erstaunliches reden; und er wird Gelingen haben, bis der Zorn vollendet ist, denn das Festbeschlossene wird vollzogen. Und auf den Gott seiner Väter* (d.h. auf den Gott Abrahams, Isaaks und Jakobs) *wird er nicht achten, und weder auf die Sehnsucht der Frauen* (d.h. auf den Gegenstand der Sehnsucht der Frauen; der größte Wunsch jeder jüdischen Frau war es, Mutter des Messias werden zu dürfen; hier ist also der Messias gemeint) *noch auf irgendeinen Gott wird er achten, sondern er wird sich über alles erheben. Und an dessen statt wird er den Gott der Festungen ehren* (den Jupiter Capitolinus, den Hauptgott der Römer, in dieser Zeit wahrscheinlich personifiziert in dem römischen Gewaltherrscher)*: den Gott, den seine Väter nicht gekannt haben, wird er ehren mit Gold und mit Silber und mit Edelsteinen und mit Kleinodien. Und er wird gegen die starken Festungen so verfahren mit dem fremden Gott: wer ihm Anerkennung zollt, dem wird er viel Ehre erweisen, und er wird ihm Herrschaft verleihen über die Vielen und das Land austeilen zum Lohne.*

Dieser gottlose Herrscher Israels nun wird es bewirken, dass der römische Herrscher, mit dem er eng zusammenwirkt, wie wir später sehen werden, mit den *Vielen* in Israel einen Bund schließen wird.

Dieser Bund ermöglicht zunächst einmal, dass in Israel der Gottesdienst wiederhergestellt wird, dass in einem von Gott anerkannten Tempel in Jerusalem angebetet wird (Offb 11,1) und Schlacht- und Speisopfer geopfert werden (Dan 9,27). Von daher ist es schon verständlich, dass viele Juden diesem König die besten Absichten unterstellen, da er als Garant und Schutzherr für freie Religionsausübung eintritt. Neben der religiösen Dimension hat das Bündnis aber auch eine militärische. Wenn der Prophet Jesaja über diesen Bund schreibt, erklärt er: *Ihr sprechet: Wir haben einen Bund mit dem Tode geschlossen und einen Vertrag mit dem Totenreich gemacht: wenn die überflutende Geißel hindurchfährt, wird sie an uns nicht kommen; denn wir haben die Lüge zu unserer Zuflucht gemacht und in der Falschheit uns geborgen* (Jes 28,15).

Das beinhaltet zwei Aspekte: Die Bündnispartner in diesem Bund für *Frieden und Sicherheit*, ein römischer und ein jüdischer Herrscher, sind in Wirklichkeit falsche und lügnerische Personen, ja, sie werden *Tod* und *Totenreich* genannt, sind also Garanten für Vernichtung und Untergang.

Zum Zweiten sehen wir die politische Dimension des Bündnisses: Es soll schützen vor dem *Hindurchfahren der überflutenden Geißel*. Wer oder was ist das? Nun, Israel wird, wie schon jetzt, so auch in der Zukunft, in ständiger Unsicherheit und Angst vor den umliegenden Nachbarstaaten leben. Diese werden zu jener Zeit ein Bündnis speziell gegen Israel geschlossen haben, das in Psalm 83 zusammenhängend beschrieben wird:

Siehe, deine Feinde toben, und deine Hasser erheben das Haupt. Wider dein Volk machen sie listige Anschläge, und beraten sich wider deine Schützlinge. Sie sprechen: Kommet und lasset uns sie vertilgen, dass sie keine Nation mehr seien, dass nicht mehr gedacht werde des Namens Israel! Denn sie haben sich beraten mit einmütigem Herzen, sie haben einen Bund wider dich gemacht: Die Zelte Edoms und die Ismaeliter, Moab und die Hageriter, Gebal und Ammon und Amalek, Philistäa samt den Bewohnern von Tyrus; auch Assur hat sich ihnen angeschlossen; sie sind zu einem Arm geworden den Söhnen Lots (Psalm 83,2-8).

Ohne zu spekulieren und diese biblischen Bezeichnungen mit modernen Staatsgebilden zur Deckung bringen zu wollen, können wir doch so viel feststellen, dass es sich um Namen von Städten, Völkern und Staaten handelt, die in historischer Zeit rings um Israel her angesiedelt waren. *Ismael* ist, auch nach ihrem eigenen Verständnis, der Stammvater der Araber, Edom lag im heutigen Saudi-Arabien, Moab und Ammon (vgl. *Amman)* im heutigen Jordanien, Tyrus im Libanon und von Philistäa ist der Name *Palästina* abgeleitet. Die führende und zentrale Macht dieses Bundes, die häufig in den prophetischen Texten der Bibel erwähnt wird, ist *Assyrien* oder *Assur*, im Buch Daniel auch *König des Nordens* genannt (u.a. Dan 11,40-45).

Das Kernland Assyriens mit seinen wichtigsten Städten Assur und Ninive lag zwar im heutigen Nordirak, doch umfasste das Staatsgebiet auf dem Höhepunkt der neu-assyrischen Macht eine Fläche, die Teile der heutigen Türkei, des Iran, des Irak, Syriens (und sogar des Libanon, Jordaniens und Palästinas) einschloss. Hier wäre es also besonders töricht, sich auf einen bestimmten modernen Staat als das prophetische Assyrien festlegen zu wollen. Die ohnedies eindrücklichen Beschreibungen dieser Macht in der Bibel sollten uns genügen.

Der Bund Israels mit dem römischen Reich wird nach Jes 28,15 zum Schutz vor *der überflutenden Geißel* (vgl. Jes 28,18) geschlossen, ein Ausdruck, der deutlich auf die Assyrer hinweist: *Darum, siehe, lässt der Herr über sie (Israel) heraufkommen die Wasser des Stromes, die mächtigen und großen – den König von Assyrien und alle seine Herrlichkeit; und er wird über alle seine Betten steigen und über alle seine Ufer gehen. Und er wird in Juda eindringen, überschwemmen und überfluten; bis an den Hals wird er reichen* (Jes

8,7.8). *Siehe, der Herr hat einen Starken und Mächtigen, gleich einem Hagelwetter, einem verderbenden Sturmwinde; wie ein Wetter gewaltiger, überflutender Wasser reißt er zu Boden mit Macht* (Jes 28,2). *Und zur Zeit des Endes wird ... der König des Nordens gegen ihn* (den *König* von Israel, den Antichristen) *anstürmen mit Wagen und mit Reitern und mit vielen Schiffen; und er wird in die Länder eindringen und wird sie überschwemmen und überfluten* (Dan 11,40).

Eines müssen wir dabei noch deutlich machen: Warum wird es dieser assyrische *König des Nordens* am Anfang der Großen Drangsal wagen, Israel anzugreifen (Dan 11,40.41), *obwohl* es ein festes Bündnis mit der dann stärksten militärischen und politischen Macht – dem wiedererstandenen römischen Reich in Europa – geschlossen hat? Nun wird er zwar als äußerst risikobereit, als *König frechen Angesichts* (Dan 8,23) bezeichnet, aber diese Invasion würde doch mit höchster Wahrscheinlichkeit in einem militärischen Desaster enden, wenn er sich dabei nicht auf eine entsprechende Rückendeckung verlassen könnte. Und tatsächlich sagt Daniel: *Und seine Macht wird stark sein, aber nicht durch seine eigene Macht* (8,24)!

Wer könnte diese hinter dem König des Nordens stehende Großmacht sein, die ihn zu dem Wagnis verleitet, den Kampf gegen das als weltweit unbesiegbar geltende wiederhergestellte römische Reich aufzunehmen? Nun, die Propheten machen deutlich, dass es außer dem *König des Nordens* noch eine andere, von Israel aus gesehen *im äußersten Norden* liegende feindliche Macht gibt mit der Bezeichnung *Gog vom Lande Magog, der Fürst von Rosch, Mesech und Tubal* (Hes 38,2.6.15; 39,2). Und es deutet vieles darauf hin (auch wenn Dan 8,24 nicht ausdrücklich von einem »Bündnis« zwischen diesen beiden Machtgruppierungen redet), dass dieser Machthaber »*vom äußersten Norden*« und sein Bündnis (Hes 38,5-6) hinter dem assyrischen »*König des Nordens*« und dessen Bündnis (Ps 83,5-8) steht und ihm Rückendeckung gibt für dessen gewaltigen Angriff auf Israel (vgl. z.B. Dan 11,43 [»*Äthiopier und Libyer*« im Heer des »*Königs des Nordens*«] mit Hes 38,5 [»*Libyer und Äthiopier*« im Heer des Machthabers »*vom äußersten Norden*«]).

Auch dieser »*Gog vom Lande Magog*«, dieser »*Fürst von Rosch, Mesech und Tubal*«, diese »*vom äußersten Norden*« und »*mit vielen Völkern kommende*« Supermacht ist mit anderen Mächten in einem Bündnissystem verbunden, nach Hes 38,5-6 neben *Gomer und Togarma im äußersten Norden* – über deren Identifikation bestenfalls spekuliert werden kann – auch Persien und *Kusch* (bedeutet wörtlich *schwarz* und ist in der Bibel die Bezeichnung für das *antike* Äthiopien, zu dessen antikem Herrschaftsbereich große Teile Ostafrikas gehörten) sowie *Put* (die biblische Bezeichnung für das *antike* Libyen, das damals fast ganz Nordafrika umfasste). Ägypten, in Daniel als *König des Südens* bezeichnet, scheint mit keinem Machtsystem in direkter Beziehung zu stehen, wird jedoch nach Dan 11,42-43 vom assyrischen *König des Nordens* erobert, der diesen Feldzug zusammen mit *Libyern und Äthiopiern* (Dan 11,43) führt.

Auf der nächsten Seite ist versucht, diese drei bzw. zwei Bündnissysteme *nach den Aussagen der Bibel* zu skizzieren, um einen besseren Überblick über die sich in der dreieinhalbjährigen Periode der *Großen Drangsal* abspielenden Konflikte zu geben.

Nachdem nun die Hauptakteure vorgestellt sind, kann sich der Vorhang heben für den letzten Akt des letzten und größten Dramas der Weltgeschichte. Er wird schonungslos und ohne Masken gespielt. Das auf der Erde sichtbare Signal ist – wie schon mehrfach angedeutet – das von Jesus Christus in der »Ölbergrede« genannte Ereignis: *Wenn ihr nun den Gräuel der Verwüstung, von welchem durch Daniel, den Propheten, geredet ist, stehen sehet an heiligem Orte, (wer es liest, der*

Das »westliche« und die »östlichen« Bündnissysteme

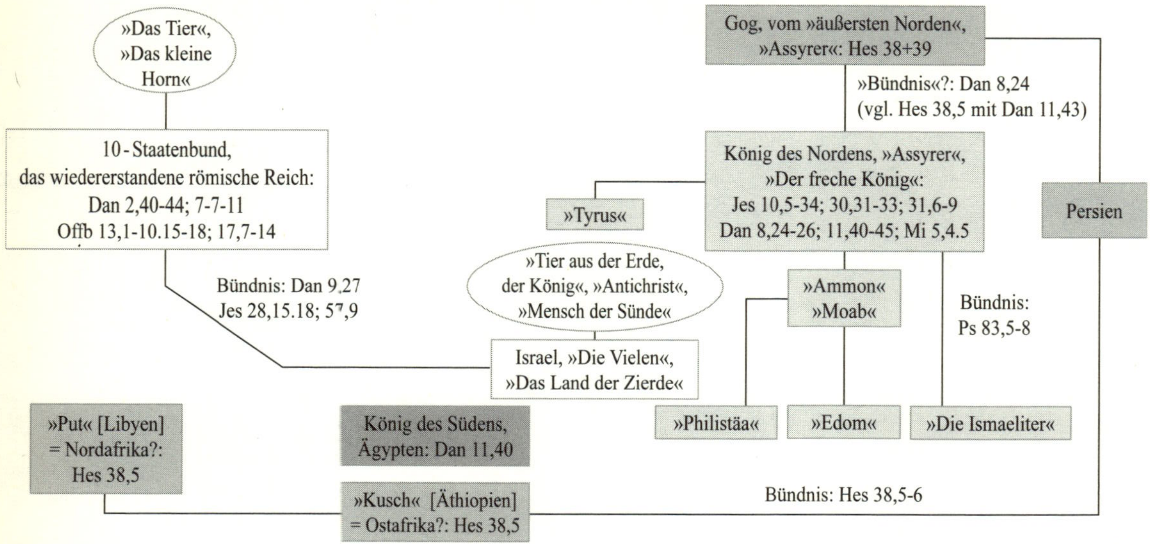

beachte es)... (Mt 24,15). Doch dem geht etwas in der unsichtbaren Welt voraus:

Im Himmel tobt ein gigantischer Krieg, in dessen Verlauf der Teufel auf die Erde hinabgeworfen, d.h. sein Wirkungskreis vom ganzen Universum nun auf diesen Planeten eingeschränkt wird. Das führt auf der Erde zu einer Potenzierung satanischer und okkulter Energie, besonders bei seinen Marionetten, und zu einer rasend schnellen Eskalation irrationaler politischer und gesellschaftlicher Gewaltakte dieser seiner Marionetten, allen voran des Herrschers über das wiederhergestellte römische Reich, des Tieres aus dem Meer mit zehn Hörnern und sieben Köpfen, und seines Bundesgenossen, des Antichristen und Königs von Israel:

Und siehe, ein großer, feuerroter Drache, welcher sieben Köpfe und zehn Hörner hatte, und auf seinen Köpfen sieben Diademe. ... Und es entstand ein Kampf in dem Himmel: Michael und seine Engel kämpften mit dem Drachen. Und der Drache kämpfte und seine Engel; und sie siegten nicht ob, auch wurde ihre Stätte nicht mehr in dem Himmel gefunden. Und es wurde geworfen der große Drache, die alte Schlange, welcher Teufel und Satan genannt wird, der den ganzen Erdkreis verführt, geworfen wurde er auf die Erde, und seine Engel wurden mit ihm hinabgeworfen. ... Wehe der Erde und dem Meere! Denn der Teufel ist zu euch hinabgekommen und hat große Wut, da er weiß, dass er wenig Zeit hat (Offb 12,3.7-9.12).

Was das bedeutet, können wir uns kaum vorstellen. Auch in unserer Zeit ist er schon *der Fürst dieser Welt* (Joh 12,31; 14,30; 16,11) und *der Gott dieses Zeitlaufs* (2Kor 4,4), aber er hält sich noch in *himmlischen Regionen* auf (Eph 2,2). Wenn er jedoch auf die Erde geworfen ist und seine direkte Macht den Großen der Erde verleihen wird, muss sein teuflisches Wirken furchtbar sein, umso mehr, als Gott dann zulässt, dass diejenigen sich verhärten und verstocken, die bisher dem Evangelium nicht gehorcht haben (2Thes 2,9-12). Die Wirksamkeit Satans direkt auf der Erde – wie ein Raubtier im Käfig eingeschränkt durch von Gott gesetzte enge räumliche und zeitliche Grenzen – wird nur kurze Zeit dauern, dreieinhalb Jahre (vgl. Mt 24,22; Offb 12,14), aber gerade deshalb wird seine Wut innerhalb dieses eng umgrenzten Bereichs der Erde umso intensiver und heftiger sein, zumal er selbst weiß, dass er nur noch sehr wenig Zeit hat (Offb 12,12; vgl. W.J. Ouweneel, Die Zukunft der Stadt des großen Königs, Neustadt 1977, S. 93).

Als Erstes schildert die Bibel nun, wie der römische Gewaltherrscher, der inzwischen die Alleinherrschaft über das römische Reich an sich gerissen hat (Offb 17,12.13; Dan 7,24), zur Personifikation des Teufels, zum direkten Werkzeug Satans wird.

Im Anschluss an Offb 12, wo der Teufel – beschrieben als *großer, feuerroter Drache, welcher sieben Köpfe und zehn Hörner hatte, und auf seinen Köpfen sieben Diademe* – aus dem Himmel auf die Erde geworfen wird, sehen wir in Offb 13 *aus dem Meer ein Tier aufsteigen, welches zehn Hörner und sieben Köpfe hatte und auf seinen Hörnern zehn Diademe und auf seinen Köpfen Namen der Lästerung* (V. 1). Dieses *Tier* ist niemand anders als das *aus dem Meer* wieder auferstandene römische Reich, verkörpert durch seinen diktatorischen Alleinherrscher. Allein schon aus dem Vergleich der Beschreibung von Offb 12,3 mit 13,1 wird deutlich, dass dieser praktisch eine Inkarnation Satans ist. Das sagt auch der Text: *Und der Drache gab ihm* (dem Tier) *seine Macht und seinen Thron und große Gewalt. ... Und die ganze Erde staunte hinter dem Tier her. Und sie beteten den Drachen an, weil er dem Tiere die Gewalt gab, und sie beteten das Tier an und sagten: Wer ist dem Tiere gleich? Und wer vermag mit ihm zu kämpfen?* (Offb 13,2-4). Dass das *Tier* vom Teufel beseelt ist, geht auch daraus hervor, dass es in den 42 Monaten seiner unmaskierten und ungehinderten Herrschaft *große Dinge* und Gotteslästerungen aussprechen wird, ja Gott selbst, Seinen Namen, Seine Wohnung und die Bewohner des Himmels lästern wird: *Und es wurde ihm ein Mund gegeben, der große Dinge und Lästerungen redete; und es wurde ihm Gewalt gegeben, zweiundvierzig Monate zu wirken. Und es öffnete seinen Mund zu Lästerungen wider Gott, seinen Namen zu lästern und seine Wohnung und die, welche ihre Wohnung in dem Himmel haben* (Offb 13,5.6; vgl. Dan 7,8.20.25).

Das *Tier,* dem *Gewalt gegeben wurde über jeden Stamm und Sprache und Volk und Nation* (Offb 13,7), übt darüber hinaus besonders großen Einfluss auf Israel aus, mit dem es durch den *festen Bund* von Dan 9,27 und Jes 28,15 verknüpft ist. Diese Machtposition wird der römische Herrscher nutzen, um in den jüdischen Gottesdienst einzugreifen, der von den Gläubigen in den ersten dreieinhalb Jahren der Drangsalszeit noch im Tempel in Jerusalem ausgeübt wird (Offb 11,1). Anfänglich wird er diesen Gottesdienst noch erlauben, wenn aber der Teufel sich seiner bemächtigt hat, lässt er seine fromme Maske religiöser Toleranz fallen und macht diesem Gottesdienst ein Ende: *Und zur Hälfte der Woche wird er Schlachtopfer und Speisopfer aufhören lassen* (Dan 9,27). Unmittelbar danach beginnt er dann mit einer brutalen Verfolgung der jüdischen Gläubigen (Offb 13,7; Dan 7,21.25). Die Verfolgung dieser letzten dreieinhalb Jahre, die *Große Drangsal*, wird sich in so ungekanntem Maß steigern, dass sie nicht länger dauern dürfte, weil sonst alle Gläubigen umkommen würden: *Und wenn jene Tage nicht verkürzt würden, so würde kein Fleisch gerettet werden, aber um der Auserwählten willen werden jene Tage verkürzt werden* (Mt 24,22).

Wie verhält sich in diesem Zusammenhang der König Israels, der von den gottlosen Juden als Messias angenommene Antichrist, mit dem die Führer Israels ebenso wie mit dem römischen *Tier* das Bündnis von Dan 9,27 und Jes 28,15 geschlossen haben? Er wird, in gewisser Weise mehr noch als der römische Herrscher, eine Verkörperung Satans sein, er wird nämlich die geistliche Machtfigur sein, welche die Macht des *Tieres* ausübt (Offb 13,11.12). Aber er demonstriert nicht nur die Macht des Drachen, er wird auch *reden wie ein Drache* (Offb 13,11), d.h. sein Geist und seine Worte sind die des Drachen – er ist wirklich der Fleisch gewordene Teufel und offenbart sich auch als solcher, sobald der Teufel auf die Erde geworfen ist und in *seiner großen Wut* seine ganze satanische Energie in den von ihm besessenen Personen des *Tieres* und des Antichristen voll zur Entfaltung bringt.

Was wird der Antichrist tun? Er lässt in völliger Übereinstimmung mit seinem römischen Bundesgenossen, angestachelt von Satan, den Gottes- und Opferdienst im Tempel aufhören und beginnt mit der furchtbaren Verfolgung der jüdischen Gläubigen. Aber er geht noch weiter. Anstatt des abgeschafften jüdischen Gottesdienstes führt er einen satanischen Götzendienst ein, indem er im Tempel ein Bild des römischen Alleinherrschers errichten wird, sodass die gottlosen Juden, die ihr ganzes Vertrauen auf das *Tier* setzen und bei ihm Schutz vor der drohenden assyrischen Invasion suchen, ein greifbares Bild dieses Mannes haben, das sie verehren und anbeten können. In Offb 13,14.15 heißt es, dass der Antichrist die Macht besitzt, diesem Götzenbild des *Tieres* Odem zu geben, sodass dieses satanische Bild sprechen und bewirken kann, dass jeder, der es nicht anbetet, getötet wird.

Ja, der Antichrist geht in seinem teuflischen Wahn so weit, dass er sich selbst erhöht über alles, was Gott heißt und sich selbst als Gott verehren lässt!! *Und der König wird nach seinem Gutdünken handeln, und er wird sich erheben und groß machen über jeden Gott* (Dan 11,36). … *der Mensch der Sünde, der Sohn des Verderbens, welcher widersteht und sich selbst erhöht über alles, was Gott heißt oder ein Gegenstand der*

Verehrung ist, sodass er sich in den Tempel Gottes setzt und sich selbst darstellt, dass er Gott sei (2Thes 2,3-4). Hier nun, in diesem unaussprechlichen *Gräuel der Verwüstung*, erreicht die jahrtausendelange von Satan angestachelte Rebellion des Menschen ihren grauenhaften Höhepunkt – und schrecklich ist das Gericht Gottes, das nun seinen Lauf nimmt …

KAPITEL 5

Die Große Drangsal

Can they imagine the darkness
that will fall from on high
when men will beg God to kill them
and they won't be able to die?

Können sie sich die Finsternis vorstellen,
die vom Himmel fallen wird,
wenn die Menschen Gott anflehen werden, sie zu töten,
aber sie werden nicht sterben können?

Bob Dylan, »*Precious Angel*«

Um uns einen Überblick zu verschaffen, geben wir, ähnlich wie zu Beginn von Kapitel 3, auch hier zu Beginn von Kapitel 5 den der »Großen Drangsal« (oder »zweiten Hälfte der 70. Jahrwoche Daniels«) entsprechenden Text aus Mt 24 wieder, zusammen mit den jeweils wichtigsten Parallelen aus Offenbarung in der rechten Spalte.

Matthäus 24

Mt 24,15

Wenn ihr nun den Gräuel der Verwüstung, von dem durch Daniel, den Propheten, geredet ist, an heiliger Stätte stehen seht – wer es liest, der merke auf! –,

Offenbarung

Dan 9,26.27

Und nach den 62 Wochen wird ein Gesalbter ausgerottet werden und wird keine [Hilfe] finden. Und das Volk eines kommenden Fürsten wird die Stadt und das Heiligtum zerstören, und sein Ende ist in einer Überflutung; und bis zum Ende ist Krieg, fest beschlossene Verwüstungen. Und stark machen wird er einen Bund für die Vielen, eine Woche lang; und zur Hälfte der Woche wird er Schlachtopfer und Speisopfer aufhören lassen. Und auf dem Flügel von Gräueln [kommt] ein Verwüster, bis fest beschlossene Vernichtung über den Verwüster ausgegossen wird.

Offb 11,2

Und den Hof, der außerhalb des Tempels ist, lass aus und miss ihn nicht! Denn er ist den Nationen gegeben worden, und sie werden die heilige Stadt zertreten zweiundvierzig Monate.

Offb 12,9

Und es wurde geworfen der große Drache, die alte Schlange, der Teufel und Satan genannt wird, der den ganzen Erdkreis verführt, geworfen wurde er auf die Erde, und seine Engel wurden mit ihm geworfen.

Offb 13,4-8

Und sie beteten den Drachen an, weil er dem Tier die Macht gab, und sie beteten das Tier an und sagten: Wer ist dem Tier gleich? Und wer kann mit ihm kämpfen? Und es wurde ihm ein Mund gegeben, der große Dinge und Lästerungen redete; und es wurde ihm Macht gegeben, zweiundvierzig Monate zu wirken. Und es öffnete seinen Mund zu Lästerungen gegen Gott, um seinen Namen und sein Zelt und die, welche im Himmel wohnen, zu lästern. Und es wurde ihm gegeben, mit den Heiligen Krieg zu führen und sie zu überwinden; und es wurde ihm Macht gegeben über jeden Stamm und jedes Volk und jede Sprache und jede Nation. Und alle, die auf der Erde wohnen, werden ihn anbeten, [jeder,] dessen Name nicht geschrieben ist im Buch des Lebens des geschlachteten Lammes von Grundlegung der Welt an.

Mt 24,16-22

dann sollen die in Judäa auf die Berge fliehen; wer auf dem Dach ist, soll nicht hinabsteigen, um etwas aus

Offb 9,6

Und in jenen Tagen werden die Menschen den Tod suchen und werden ihn nicht finden und werden zu sterben begehren, und der Tod flieht vor ihnen.

seinem Haus zu holen; und wer auf dem Feld ist, soll nicht zurückkehren, um seinen Mantel zu holen. Wehe aber den Schwangeren und den Stillenden in jenen Tagen! Betet aber, dass eure Flucht nicht im Winter geschehe noch am Sabbat; denn dann wird große Drangsal sein, wie sie von Anfang der Welt bis jetzt nicht gewesen ist, noch je sein wird. Und wenn jene Tage nicht verkürzt würden, so würde kein Fleisch gerettet werden; aber um der Auserwählten willen werden jene Tage verkürzt werden.

Mt 24,23-26

Wenn dann jemand zu euch sagt: Siehe, hier ist der Christus, oder dort! so glaubt es nicht. Denn es werden falsche Christi und falsche Propheten aufstehen und werden große Zeichen und Wunder tun, um so, wenn möglich, auch die Auserwählten zu verführen. Siehe, ich habe es euch vorhergesagt. Wenn sie nun zu euch sagen: Siehe, er ist in der Wüste! so geht nicht hinaus. Siehe in den Gemächern! so glaubt es nicht.

Offb 13,1-15

Und ich sah aus dem Meer ein Tier aufsteigen, das zehn Hörner und sieben Köpfe hatte, und auf seinen Hörnern zehn Diademe und auf seinen Köpfen Namen der Lästerung. Und das Tier, das ich sah, war gleich einem Panther, und seine Füße wie die eines Bären und sein Maul wie eines Löwen Maul. Und der Drache gab ihm seine Kraft und seinen Thron und große Macht. Und [ich sah] einen seiner Köpfe wie zum Tod geschlachtet. Und seine Todeswunde wurde geheilt, und die ganze Erde staunte hinter dem Tier her. Und sie beteten den Drachen an, weil er dem Tier die Macht gab, und sie beteten das Tier an und sagten: Wer ist dem Tier gleich? Und wer kann mit ihm kämpfen? Und es wurde ihm ein Mund gegeben, der große Dinge und

Lästerungen redete; und es wurde ihm Macht gegeben, zweiundvierzig Monate zu wirken. Und es öffnete seinen Mund zu Lästerungen gegen Gott, um seinen Namen und sein Zelt und die, welche im Himmel wohnen, zu lästern. Und es wurde ihm gegeben, mit den Heiligen Krieg zu führen und sie zu überwinden; und es wurde ihm Macht gegeben über jeden Stamm und jedes Volk und jede Sprache und jede Nation. Und alle, die auf der Erde wohnen, werden ihn anbeten, [jeder,] dessen Name nicht geschrieben ist im Buch des Lebens des geschlachteten Lammes von Grundlegung der Welt an. Wenn jemand ein Ohr hat, so höre er! Wenn jemand in Gefangenschaft [geht], so geht er in Gefangenschaft; wenn jemand mit dem Schwert getötet wird, so muss er mit dem Schwert getötet werden. Hier ist das Ausharren und der Glaube der Heiligen. Und ich sah ein anderes Tier aus der Erde aufsteigen: und es hatte zwei Hörner gleich einem Lamm, und es redete wie ein Drache. Und die ganze Macht des ersten Tieres übt es vor ihm aus, und es veranlasst die Erde und die auf ihr wohnen, dass sie das erste Tier anbeten, dessen Todeswunde geheilt wurde. Und es tut große Zeichen, dass es selbst Feuer vom Himmel vor den Menschen auf die Erde herabkommen lässt; und es verführt die, welche auf der Erde wohnen, wegen der Zeichen, die vor dem Tier zu tun ihm gegeben wurde, und es sagt denen, die auf der Erde wohnen, dem Tier, das die Wunde des Schwertes hat und [wieder] lebendig geworden ist, ein Bild zu machen. Und es wurde ihm gegeben, dem Bild des Tieres Odem zu geben, sodass das Bild des Tieres sogar redete und bewirkte, dass alle getötet wurden, die das Bild des Tieres nicht anbeteten.

Mt 24,27
Denn wie der Blitz ausfährt von Osten und bis nach Westen leuchtet, so wird die Ankunft des Sohnes des Menschen sein.

Offb 19,11-16
Und ich sah den Himmel geöffnet, und siehe, ein weißes Pferd, und der darauf saß, heißt Treu und Wahrhaftig, und er richtet und führt Krieg in Gerechtigkeit. Seine Augen aber sind eine Feuerflamme, und auf seinem Haupt sind viele Diademe, und er trägt einen Namen geschrieben, den niemand kennt als nur er selbst; und er ist bekleidet mit einem in Blut getauchten Gewand, und sein Name heißt: Das Wort Gottes. Und die Kriegsheere, die im Himmel sind, folgten ihm auf weißen Pferden, bekleidet mit weißer, reiner Leinwand. Und aus seinem Mund geht ein scharfes Schwert hervor, damit er mit ihm die Nationen schlage; und er wird sie hüten mit eisernem Stab, und er tritt die Kelter des Weines des Grimmes des Zornes Gottes, des Allmächtigen. Und er trägt auf seinem Gewand und an seiner Hüfte einen Namen geschrieben: König der Könige und Herr der Herren.

Mt 24,28
Wo das Aas ist, da werden sich die Adler versammeln.

Offb 19,17-21
Und ich sah einen Engel in der Sonne stehen, und er rief mit lauter Stimme und sprach zu allen Vögeln, die hoch oben am Himmel fliegen: Kommt her, versammelt euch zum großen Mahl Gottes, damit ihr Fleisch von Königen fresst und Fleisch von Obersten und Fleisch von Mächtigen und Fleisch von Pferden und von denen, die darauf sitzen, und Fleisch von allen, sowohl von Freien als Sklaven, sowohl von Kleinen als Großen! Und ich sah das Tier und die Könige der Erde und ihre Heere versammelt, um mit dem, der auf dem Pferd saß, und mit seinem Heer Krieg zu führen. Und es wurde ergriffen das Tier und der falsche Prophet – der mit ihm war und die Zeichen vor ihm tat, durch die er die verführte, die das

> Malzeichen des Tieres annahmen und sein Bild anbeteten –, lebendig wurden die zwei in den Feuersee geworfen, der mit Schwefel brennt. Und die Übrigen wurden getötet mit dem Schwert, das aus dem Mund dessen hervorging, der auf dem Pferd saß; und alle Vögel wurden von ihrem Fleisch gesättigt.

In der »Ölbergrede«, deren Aussagen uns ja als Leitfaden für die Beschreibung dieser bevorstehenden Ereignisse dienen, nimmt Jesus mit der Charakterisierung dieser grauenhaftesten Periode der Menschheitsgeschichte kein Blatt vor den Mund: *Denn alsdann wird große Drangsal sein, dergleichen von Anfang der Welt bis jetzthin nicht gewesen ist, noch je sein wird; und wenn jene Tage nicht verkürzt würden, so würde kein Fleisch gerettet werden* (Mt 24,21).

Im letzten Kapitel haben wir gesehen, dass die nochmalige Intensivierung und Verschlimmerung der ohnehin schon furchtbaren Zeitperiode ausgelöst wird durch die Tatsache, dass Satan nach Offb 12,7-12 *auf die Erde geworfen wird.* Das Ergebnis ist verheerend: *Wehe der Erde und dem Meere! Denn der Teufel ist zu euch hinabgekommen und hat große Wut, da er weiß, dass er wenig Zeit hat* (Offb 12,12). Wie drückt sich diese *große Wut* aus? Nun, einerseits wird hier in den unmittelbar darauf folgenden Versen erklärt, dass die Verfolgung der Gläubigen nie gekannte Ausmaße annimmt, ja zu einem regelrechten Krieg des Teufels gegen sie wird: *Und der Drache ward zornig über die Frau* (hier wie häufig in der Bibel eine symbolische Umschreibung Israels) *und ging hin, Krieg zu führen mit dem Überrest ihres Samens, welche die Gebote Gottes halten und das Zeugnis Jesu haben* (die jüdischen Gläubigen) (Offb 12,17).

Dies bewirkt der Teufel aber dadurch, dass er von den beiden einflussreichsten Persönlichkeiten dieser Zeit – dem Gewaltherrscher über das wiedererstandene römische Reich und seinem Bundesgenossen, dem Antichristen und gottlosen König über Israel – nun ganz und gar Besitz ergreift, sodass sie im wahrsten Sinn des Wortes zu Fleisch gewordenen Teufeln in Menschengestalt werden.

Sie lassen, nun völlig von Satan besessen, auch den letzten Schein von Toleranz und friedlicher Absicht fallen (immerhin waren sie mit ihrem für sieben Jahre geschlossenen Bund Garantie einer gewissen religiösen Freiheit in Israel) und bringen in ihrem Charakter und Handeln nach Ablegen aller Masken die satanische Fratze ihres innersten Wesens ungeschminkt und in ganzer Brutalität zum Ausdruck.

Der römische Alleinherrscher wird in Offb 13 als *Tier aus dem Meer* (der Antichrist im selben Kapitel als *Tier aus der Erde*) beschrieben: *Und ich sah aus dem Meere ein Tier aufsteigen.* Das Meer ist ein Bild von Völkern im Zustand von Chaos, Verwirrung und Gesetzlosigkeit. (»*Wehe dem Getümmel vieler Völker: wie das Brausen des Meeres brausen sie; und dem Rauschen von Völkerschaften: wie das Rauschen gewaltiger Wasser rauschen sie! Völkerschaften rauschen wie das Rauschen vieler Wasser*« [Jes 17,12.13a]. »*Die Gesetzlosen sind wie das aufgewühlte Meer; denn es kann nicht ruhig sein, und seine Wasser wühlen Schlamm und Kot auf*« [Jes 57,20]. Vgl. auch Dan 7,2.3 und Offb 17,15). Es macht deutlich, dass aus den Revolutions- und Bürgerkriegswirren, die nach der Wegnahme der wahren Gläubigen vor allem in der westlichen Welt herrschen werden (beschrieben unter dem sechsten Siegel in Offb 6, vgl. Kap. 3 und 4 dieses Buches), dieses Reich mit seinem furchtbaren Herrscher entstehen wird. Aus der Beschreibung des Tieres wird deutlich, dass es sich um das wiederhergestellte römische Reich handelt. Es hat *zehn Hörner und sieben Köpfe*, die wir auch in Offb 17,7-12 finden. Die *sieben Köpfe sind sieben Berge*, d.h. die sieben Hügel Aventin, Caelius, Capitolin, Esquilin, Palatin, Quirinal und

Viminal der Stadt Rom – jedem Schulkind als die »siebenhügelige Stadt« (»urbs septicollis«) bekannt. Und die *zehn Hörner ... sind zehn Könige*, was auf das römische Reich in seiner letzten Form hinweist, die mit der Vereinigung von zehn *Königen* beginnt, die *ihre Macht und Gewalt dem Tiere* übergeben (Offb 17,13; vgl. Dan 7,8; 8,24). *Und auf seinen Hörnern zehn Diademe* (das Symbol königlicher Herrschaft) *und auf seinen Köpfen Namen der Lästerung*: Das Tier steht also für eine gewaltige politische Macht, die Lästerung und Rebellion gegen Gott zu ihrem Regierungsprogramm gemacht hat.

Die weitere Beschreibung dieses *Tieres* – also des wiedererstandenen römischen Reiches und dessen Personifikation in seinem satanisch gesteuerten Alleinherrscher – verweist deutlich auf die Vision Daniels in Dan 7. Einerseits ähnelt das Tier von Offb 7 dem vierten Tier (Rom) in Daniel, andererseits besitzt es auch die Kennzeichen der anderen drei Tiere von Dan 7,3-6, nämlich die des Löwen (Babylon), des Bären (Medo-Persien) und des Leoparden (Griechenland-Mazedonien). In diesem wiederhergestellten römischen Reich vereinigen sich also alle grausamen Charakterzüge der erwähnten vier Weltreiche und kommen zu ihrer letzten furchtbaren Ausreifung, indem dieses Reich und sein Herrscher all seine Macht direkt von Satan bekommt (*Und der Drache gab ihm seine Macht und seinen Thron und große Gewalt*!!), bis sie schließlich von Christus bei Seiner Wiederkunft gerichtet werden (Dan 7,13.14). Vergleiche dazu die Übersicht *Die 4 Weltreiche und ihr Ende* in Kap. 3.

Und ich sah einen seiner Köpfe wie zum Tode geschlachtet. Und seine Todeswunde wurde geheilt, und die ganze Erde verwunderte sich über das Tier: Offenbarung 13,3 beschreibt das große Erstaunen der Welt, dass – ein absolutes Novum in der Geschichte – ein Reich, das längst untergegangen war, und dessen Wiederherstellungsversuche (z.B. durch Karl den

Großen und seine Nachfolger, Karl V., Napoleon, Mussolini und Hitler) immer wieder fehlgeschlagen waren, nach einer mehr als anderthalb Jahrtausende währenden *Todeswunde* nun wieder aufgerichtet wird. Dabei entwickelt sich die Verwunderung zu einer richtiggehenden Bewunderung, ja zur Anbetung Satans selbst: Im Wissen, dass diese »wunderbare« Wiederherstellung nur durch Satan möglich war, *beten* die Menschen *den Drachen an, weil er dem Tiere die Gewalt gab, und sie beteten das Tier an* (V. 4).

Der römische Herrscher, angestachelt und getrieben vom Teufel selbst, wird nun mit einer nie zuvor für möglich gehaltenen Orgie der Gotteslästerung und grausamen Verfolgung der Gläubigen sich gegen alles wenden und aufbäumen, was nur irgendwie mit Gott und dem Himmel zu tun hat: *Und es wurde ihm ein Mund gegeben, der große Dinge und Lästerungen redete; und es wurde ihm Gewalt gegeben, zweiundvierzig Monate zu wirken. Und es öffnete seinen Mund zu Lästerungen wider Gott, seinen Namen zu lästern und seine Wohnung, und die, welche ihre Wohnung in dem Himmel haben. Und es wurde ihm gegeben, mit den Heiligen Krieg zu führen und sie zu überwinden; und es wurde ihm Gewalt gegeben über jeden Stamm und Volk und Sprache und Nation. Und alle, die auf der Erde wohnen, werden es anbeten, ein jeder, dessen Name nicht geschrieben ist in dem Buche des Lebens des geschlachteten Lammes von Grundlegung der Welt an* (Offb 13,5-8).

Wie ist es aber möglich, dass der römische Herrscher einen dermaßen umfassenden Einfluss auf die Seelen der Menschen gewinnt, sodass sie ihm völlig hörig werden und tatsächlich *alle, die auf der Erde wohnen, es (das Tier) anbeten* werden?

Die Antwort darauf ist die in den nächsten Versen geschilderte Gestalt, das *Tier aus der Erde*, der politische Bundesgenosse des römischen Diktators, der Antichrist und gottlose König von Israel. Er wird auf religiösem Gebiet als eine Art »Propagandaminister« fungieren – weshalb er auch *der falsche Prophet* genannt wird (Offb 16,13; 19,20; 20,10). So wie das erste Tier aus dem Meer der grauenhafte satanische »Führer« ist, so ist das zweite Tier aus der Erde der absolut diabolische »Verführer«.

Schon der Ausdruck *Erde* oder *Land* – in der Bibel oft eine symbolische Bezeichnung für *das Land* Israel im Gegensatz zu dem *Meer* der Nationen – weist darauf hin, dass dieses *Tier aus der Erde* der falsche König von Israel ist, der falsche Messias. Seine politische Macht ist beschränkt, er ist nur Herrscher über Palästina. Aber auf geistlichem und religiösem Gebiet wird er durch die Kraft und Energie Satans, die ihn beseelt und antreibt, einen unvorstellbaren Einfluss ausüben.

Es (das Tier aus der Erde) *hatte zwei Hörner gleich einem Lamme, und es redete wie ein Drache* (Offb 13,11). Wenn man diese Gestalt äußerlich betrachtet, könnte man meinen, es wäre ein Lamm, vielleicht gar *das Lamm*, der Messias selbst. Aber seine Reden weisen es unzweideutig als Mund und Werkzeug Satans aus, es ist nicht Christus, sondern die Stimme des Drachen. Auch daran wird deutlich, dass es sich hier um den Anti-Christus handeln muss.

Dieser Antichrist ist nun das entscheidende Werkzeug zur Einführung des schlimmsten, furchtbarsten und umfassendsten Götzendienstes, den die Welt je erlebt hat. So wie Christus gekommen ist, um Gott zu offenbaren und die Menschen, die Ihn aufnehmen, in eine persönliche Beziehung zu Gott zu bringen, so kommt der Antichrist, um Satan »ungeschminkt« zu offenbaren und die Menschen durch eine furchtbare Verführung in eine Beziehung zu Satan zu bringen, sodass dieser Macht über ihr ganzes Denken, Fühlen und Wollen bekommt!

Und die ganze Gewalt des ersten Tieres übt es vor ihm aus, und es macht, dass die Erde und die auf ihr wohnen das erste Tier anbeten, dessen Todeswunde geheilt wurde. Und es tut große Zeichen, dass es selbst Feuer vom Himmel auf die Erde herabkommen lässt vor den Menschen; und es verführt die auf der Erde wohnen wegen der Zeichen, welche vor dem Tiere zu tun ihm gegeben wurde, indem es die, welche auf der Erde wohnen, auffordert, ein Bild dem Tiere zu machen, das die Wunde des Schwertes hat und lebte. Und es wurde ihm gegeben, dem Bilde des Tieres Odem zu geben, auf dass das Bild des Tieres auch redete und bewirkte, dass alle getötet wurden, die das Bild des Tieres nicht anbeteten (Offb 13,12-15).

Diesen vom Antichristen bewirkten satanischen Gottesdienst, die Anbetung des römischen Herrschers und seines Bildes, haben wir seinerzeit schon in Dan 11,36-39 angedeutet gesehen: *Und der König wird sich erheben und groß machen über jeden Gott, und wider den Gott der Götter wird er Erstaunliches reden. .... Und auf den Gott seiner Väter wird er nicht achten ... noch auf irgendeinen Gott wird er achten, sondern er wird sich über alles erheben. Und an dessen statt wird er den Gott der Festungen ehren* (d.h. den Jupiter Capitolinus, den Hauptgott der Römer, der wahrscheinlich in dem *Bild des Tieres* von Offb 13 wieder Gestalt annimmt)*: den Gott, den seine Väter nicht gekannt haben, wird er ehren ... wer ihm Anerkennung zollt, dem wird er viel Ehre erweisen, und er wird ihm Herrschaft verleihen über die Vielen und das Land* (wieder ein Beispiel für den Ausdruck *Land* als Hinweis auf *das Land* Israel) *austeilen zum Lohn.*

Hat hier die Verführung zum Götzendienst vielleicht noch den Charakter von Bestechung, so zeigt uns 2. Thessalonicher 2,3-9 deutlich die dahinter stehende finstere satanische Energie: ... *der Abfall komme und geoffenbart worden sei der Mensch der Sünde, der Sohn des Verderbens, welcher widersteht und sich selbst erhöht gegen alles, was Gott heißt oder ein Gegenstand der Verehrung ist, sodass er sich in den Tempel Gottes setzt und sich selbst darstellt, dass er Gott sei ... dessen Ankunft nach der Wirksamkeit des Satans ist in aller Macht und allen Zeichen und Wundern der Lüge und in jeder Art von Betrug der Ungerechtigkeit denen, die verloren gehen, darum, dass sie die Liebe zur Wahrheit nicht annahmen, damit sie errettet würden.* Hier sehen wir den Antichristen in Verbindung mit dem großen *Abfall* von jeglichem wahren Gottesdienst und als denjenigen, der sich gegen Gott erhebt und sich in den Tempel Gottes in Jerusalem setzt, als ob er selbst Gott sei. Er lässt sich von den ungläubigen Juden anbeten und verführt alle Nationen, das Tier aus dem Meer, den römischen Diktator und sein Bild anzubeten – und damit Satan selbst, den *Drachen*, der hinter ihm steht.

Der falsche Prophet oder Antichrist wird aber nicht nur die Menschen dazu bringen, sich vor Satan und seinen Inkarnationen anbetend niederzuwerfen, er wird auch jedes politische Geschehen und alle wirtschaftlichen Vorgänge vollständig unter Kontrolle haben: *... es bringt alle dahin, die Kleinen und die Großen, und die Reichen und die Armen, und die Freien und die Knechte, dass sie ein Malzeichen annehmen an ihre rechte Hand oder an ihre Stirn; und dass niemand kaufen oder verkaufen kann, als nur der, welcher das Malzeichen hat, den Namen des Tieres oder die Zahl seines Namens ... und bewirkte, dass alle getötet wurden, die das Bild des Tieres nicht anbeteten* (Offb 13,16.17.15).

Diese völlige Kontrolle, gerade durch ein *Malzeichen* oder eine *Zahl* an Hand oder Stirn, liegt heute durchaus schon im Bereich des technisch Machbaren. Die rasend schnelle Entwicklung auf dem Gebiet digitaler Datenerfassung und -speicherung der letzten Jahre geben uns eine reale Vorstellung von den technologischen Möglichkeiten, die dem *Tier* zur Verfügung stehen, um die ihm unterworfenen Völker mittels Codes auf Hand oder Stirn und einer umfassenden Datenbank in all ihren Lebensäußerungen zu kontrollieren und so absolute und vollständige Macht über sie auszuüben.

Wenn nun diese totale Kontrolle radikal durchgeführt werden soll, ist die zwingende Konsequenz, dass bei diesem Götzendienst keine andere religiöse Autorität geduldet werden kann. Wie schon mehrfach erwähnt, wird in der Mitte der sieben Jahre, für die der römische Herrscher und sein Genosse, der Antichrist und König von Israel, einen Bund mit dem jüdischen Volk schließen wird, *er* (d.h. der *kommende Fürst*, der römische Diktator) *Schlachtopfer und Speisopfer aufhören lassen* (Dan 9,27). Der israelische König wird sich selbst in den Tempel setzen und als Gott verehren lassen, gleichzeitig aber den Götzendienst des *Tieres*, des Gewaltherrschers von Rom, fördern (Dan 11,36-39; 2Thes 2,3-9; Offb 13,11-18). Der jüdische Gottesdienst (vgl. Offb 11,1b: *Stehe auf und miss den Tempel Gottes und den Altar und die darin anbeten*) wird also in der Mitte der sieben Jahre währenden »70. Jahrwoche Daniels« abrupt aufhören.

Was aber ist mit dem Namenschristentum, den vielen Mitgliedern der großen Kirchen, die oft nur äußerlich und auf dem Papier »Christen« sind, bei denen aber keine Spur einer persönlichen Beziehung zu Gott vorhanden ist, wie sie Jesus Christus anbietet und durch Seinen Sühnetod am Kreuz erst möglich gemacht hat? Werden Satan oder seine beiden menschlichen Werkzeuge diese hohle Religion neben ihrem konzentrierten Götzendienst dulden? Die Bibel sagt dazu deutlich »Nein«! Offb 17 beschreibt ausführlich die Hure Babylon, ein großes religiöses System mit seinem Sitz in Rom: *Die sieben Köpfe sind sieben Berge, auf denen die Frau sitzt* (Offb 17,9), und: *Die Frau, die du sahst, ist die große Stadt, welche das Königtum hat über die Könige der Erde* (Offb 17,18). Der Leser möge sich hier fragen, ob ihm irgendein anderes religiöses System auf dem Erdball bekannt ist, das in seinem Namen den Namen einer Stadt trägt, noch dazu den Namen d e r Stadt schlechthin, »*die das Königtum hat über die Könige der Erde*«, außer eben der römischen Kirche. Deshalb ruft auch wenige Verse später, in Offb 18,4.5, eine Stimme aus dem Himmel den Menschen zu: »*Geht aus ihr hinaus, mein Volk, auf dass ihr nicht ihrer Sünden mitteilhaftig werdet, und auf dass ihr nicht empfangt von ihren Plagen; denn ihre Sünden sind aufgehäuft bis zum Himmel.*« Natürlich ist Rom auch der Sitz des *Tieres* und Mittelpunkt des einstigen und zukünftigen römischen Reiches, aber die Hure, die veräußerlichte und verweltlichte Kirche, benutzt ja gerade (in der Vergangenheit wie auch in der Zukunft) das politische Rom für ihre Zwecke und Ziele. Offb 17 beschreibt die Hure als zunächst auf dem Tier reitend: *Und ich sah eine Frau auf einem scharlachroten Tiere sitzen, voll Namen der Lästerung, das sieben Köpfe und zehn Hörner hatte* (V. 3). Doch das wird nicht lange währen: *Und die zehn Hörner, die du sahst, und das Tier, diese werden die Hure hassen und werden sie öde und nackt machen, und werden ihr Fleisch fressen und sie mit Feuer verbrennen. Denn Gott hat in ihre Herzen gegeben, seinen Sinn zu tun* (V. 16.17a).

Um völlig freie Hand für ihren satanischen Götzendienst zu bekommen, wird deshalb das politische Rom das Joch des religiösen Roms abschütteln, ja, es wird das religiös-kirchliche Rom völlig vernichten. Dies aber wird ausdrücklich als Handeln im Sinn Gottes bezeichnet, der die römische Kirche für ihre ungezählten Gräueltaten im Lauf der Jahrhunderte richten wird. Diese Hure wird ja als *Mutter der Huren und der Gräuel der Erde* bezeichnet, die *trunken ist von dem Blut der Heiligen und von dem Blut der Zeugen Jesu* (Offb 17,5.6). Wahrscheinlich hat kein politisches oder religiöses System im Lauf der Geschichte mehr wahre Gläubige umgebracht als die römische Kirche, und das noch dazu angeblich zur größeren Ehre Gottes und im Namen Christi!! Aber das weit schlimmere Verbrechen ist, dass sie mit unsterblichen kostbaren Menschenseelen Schacher getrieben hat wie mit einer Ware (»… *Ware von ... Öl und Feinmehl und Weizen und Vieh und Schafen, und von Pferden und von Wagen und von Leibeigenen und* ***Menschenseelen***«!! [Offb 18,13]).

Darum wird ihr Gericht auch so ausführlich und erst gegen Ende der Offenbarung (Kap. 17 und 18) beschrieben, ehe die wahre Kirche, die Braut des Lammes, von Jesus Christus dem Universum präsentiert wird (Offb 19,6-9).

Nachdem also jede Konkurrenz – sowohl der jüdische Gottesdienst als auch der namenschristliche Pseudogottesdienst – vernichtet ist, kann sich die satanische Bosheit im *Tier* und im Antichristen voll entfalten. Der Zusammenhang der aufeinander einwirkenden Ereignisse ist nachfolgend graphisch dargestellt.

Wie inzwischen ausführlich behandelt wurde, wird in der Mitte der 70. Jahrwoche Satan aus dem Himmel geworfen und nimmt nun in überschäumender Wut das *Tier* und den Antichristen voll für sich in Besitz. Er stachelt sie auf zu äußerster Rebellion gegen Gott und alles, was Ihm gefällt oder mit Ihm in Verbindung steht.

Das äußert sich zunächst darin, dass der Bund mit dem jüdischen Volk gebrochen wird und der von Gott anerkannte jüdische Gottesdienst abgeschafft wird. Im Gegenzug setzt sich der Antichrist, der israelische Herrscher, selbst in den Tempel und lässt sich als Gott verehren. Das ist der *Gräuel der Verwüstung*, auf den Jesus in Mt 24,15 so ein- und nachdrücklich hingewiesen hat. Diese Aufrichtung des Gräuels der Verwüstung hat zwei Folgen. Zum einen fliehen die gläubigen Juden im Gehorsam gegenüber den Worten Jesu in Mt 24,16-21 auf die Berge: … *dass alsdann die in Judäa sind, auf die Berge fliehen; wer auf dem Dache ist, nicht hinabsteige, um die Sachen aus seinem Hause zu holen; und wer auf dem Felde ist, nicht zurückkehre, um sein Kleid zu holen.*

Die Große Drangsal (Mt 24,21)

(Zweite Hälfte der »70. Jahrwoche« von Dan 9,27)
Übersicht: Mt 24,15-28 *Ausführlich:* Offb 7-19

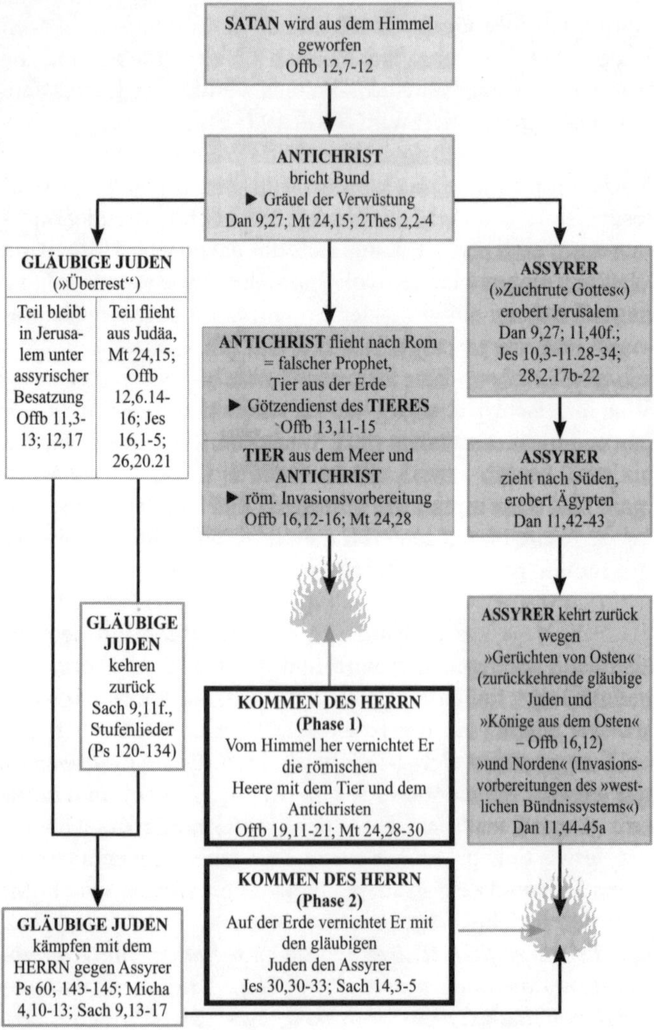

Wehe aber den Schwangeren und den Säugenden in jenen Tagen! Betet aber, dass eure Flucht nicht im Winter geschehe, noch am Sabbath; denn alsdann wird große Drangsal sein, dergleichen von Anfang der Welt bis jetzthin nicht gewesen ist, noch je sein wird.

Die andere Folge wird im Alten Testament an vielen Stellen beschrieben. Daniel 9,27 sagt mit etwas anderem Wortlaut als Jesus in Matthäus 24: *Wegen der Beschirmung der Gräuel wird ein Verwüster kommen.* Weil also Israel diesen Gräuel im Tempel duldet, ja sogar deckt, lässt Gott als Gericht für diesen abscheulichen Götzendienst den *König des Nordens*, den Assyrer, als Seine *Zuchtrute* heranrücken: *Und der König des Nordens wird gegen ihn* (d.h. den König von Israel) *anstürmen mit Wagen und mit Reitern und mit vielen Schiffen; und er wird in die Länder eindringen und wird sie überschwemmen und überfluten. Und er wird in das Land der Zierde eindringen, und viele werden zu Fall kommen* (Dan 11,40-41; vgl. auch Jes 10,5.6). Die assyrische Großmacht mit ihren Bundesgenossen wird Israel erobern und ein furchtbares Terror-Regime aufrichten. Dabei hat der Bund mit dem römischen Reich überhaupt nichts genützt, der ja zum Schutz vor diesem grausamen Feind im Norden Israels geschlossen worden war: *Und euer Bund mit dem Tode wird zunichte werden und euer Vertrag mit dem Scheol nicht bestehen: wenn die überflutende Geißel* (d.h. der Assyrer) *hindurchfährt, so werdet ihr von derselben zertreten werden. Sooft sie hindurchfährt, wird sie euch hinraffen; denn jeden Morgen wird sie hindurchfahren, bei Tage und bei Nacht. Und es wird eitel Schrecken sein, die Botschaft zu vernehmen* (Jes 28,18.19).

Der Antichrist hat natürlich nicht die Eroberung Jerusalems und seine Gefangennahme abgewartet, sondern hat sich, wie alle Diktatoren der Weltgeschichte in solchen Fällen, rechtzeitig in ein ihm freundlich gesinntes Land abgesetzt (wir schließen das aus der Tatsache, dass er in der ersten Hälfte der 70. Jahrwoche in Israel als König und scheinmessianischer (Ver-)Führer wirkt, in der zweiten Hälfte aber in Rom als falscher Prophet, auch wenn die Reise oder Flucht in der Bibel nicht als solche erwähnt wird). Jedenfalls sehen wir ihn bei seinem Bundesgenossen in Rom, wo er als *falscher Prophet*, als *Tier aus der Erde* (er ist kein König mehr, oder zumindest ein König ohne Land) alle Register seiner satanischen Fähigkeiten zieht, um die gesamte Bevölkerung des wiedererstandenen römischen Reiches in satanischem Götzendienst vor dem Tier und seinem teuflischen Bild niederzuwerfen.

Die Offenbarung und auch das Alte Testament beschreiben ausführlich die nie zuvor da gewesenen Schrecken dieser Zeit: ... *in jenen Tagen werden die Menschen den Tod suchen und werden ihn nicht finden, und sie werden zu sterben begehren, und der Tod flieht vor ihnen*!! (Offb 9,6). Sind grauenhaftere Qualen überhaupt vorstellbar?

Der assyrische *König des Nordens* zieht auf seinem Eroberungszug inzwischen weiter nach Süden: *Und er wird seine Hand an die Länder legen, und das Land Ägypten wird* ***nicht*** *entrinnen; und er wird die Schätze an Gold und Silber und alle Kostbarkeiten Ägyptens in seine Gewalt bringen, und Libyer und Äthiopier werden in seinem Gefolge sein* (Dan 11,42-43). Vgl. dazu auch immer wieder die Graphik »Das westliche und die östlichen Bündnissysteme« (Kap. 4).

Dann aber wird die assyrische Kriegsmaschine auf ihrem blitzkriegartigen Siegeszug plötzlich aufgehalten: *Aber Gerüchte von Osten und von Norden her werden ihn* (d.h. den König des Nordens) *erschrecken* (Dan 11,44). Was sind das für Gerüchte, die ihn innehalten und schließlich *in großem Grimm* umkehren lassen?

Die im nächsten Kapitel folgende Antwort auf diese Frage bringt uns unmittelbar zum Kommen des Sohnes Gottes in

Macht und großer Herrlichkeit, wenn in der Völkerschlacht von Harmagedon der Mensch in einem wahnwitzigen Aufbäumen zum letzten Mal seine Faust gegen Gott erhebt, um schließlich von dem Allmächtigen endgültig gerichtet zu werden.

KAPITEL 6

Harmagedon

Are you ready for the judgment?
Are you ready for that terrible swift sword?
Are you ready for Armageddon?
Are you ready for the Day of the Lord?

Bist du bereit für das Gericht?
Bist du bereit für jenes schreckliche schnelle Schwert?
Bist du bereit für Harmagedon?
Bist du bereit für den Tag des Herrn?

Bob Dylan, »*Are you ready?*«

Der Tag des Herrn – welch eine Vielzahl an Emotionen, meistens Schrecken und Angst, war jahrhundertelang in der westlichen Kultur mit diesem Begriff verbunden.

In Anspielung auf Zefanja 1,14-16 heißt es in einem mittelalterlichen Hymnus:

Dies irae, dies illa
Solvet saeculum in favilla

Iudex ergo cum sedebit
Quidquid latet adparebit,
Nil inultum remanebit

Quid sum miser tunc dicturus?
Quem patronum rogaturus
Cum vix justus sit securus?

Der Tag des Zorns, jener Tag,
Der die Welt zu Asche reduziert,

Wenn sich dann der Richter setzt,
Wird alles Verborgene offenbar werden,
Nichts wird ungerächt bleiben.

Was werde ich Elender dann sagen?
Wen soll ich als Schutzherrn anrufen,
Wenn selbst der Gerechte kaum sicher sein wird?

Doch dieser Tag des Herrn ist in erster Linie ein Tag der Freude für alle Gerechten und vor allem für Gott selbst, der Tag, an dem der jahrhundertelang geschmähte und verworfene Sohn Gottes als der rechtmäßige Herrscher über diese Erde in Macht und Herrlichkeit geoffenbart wird – der Tag, an dem Er Sein Erbe in Besitz nimmt und die uralte Weissagung aus 2. Mose 15,18 erfüllt wird: *Jahwe wird König sein immer und ewiglich!*

Wir haben im letzten Kapitel gesehen, wie der assyrische *König des Nordens* auf seinem Eroberungszug in Ägypten plötzlich von *Gerüchten von Osten und von Norden her* erschreckt wird (Dan 11,44).

Nördlich von seiner Position zu diesem Zeitpunkt liegt das von ihm soeben eroberte Israel, dessen König kurz vor der Eroberung zu seinem mächtigen Bundesgenossen, dem Alleinherrscher über das wiedererstandene römische Reich, geflüchtet ist, um von Europa aus eine gewaltige Invasionsarmee aufzustellen zur Befreiung Israels von der assyrischen Okkupation. Das sind die *Gerüchte von Norden* her – und tatsächlich findet nach den Aussagen der Bibel die Invasion im Norden Israels, in der Ebene von Megiddo, statt.

Bei den *Gerüchten vom Osten* denken wir zunächst an *die Könige, die von Sonnenaufgang herkommen* (Offb 16,12), sie werden unmittelbar vor der Sammlung zur Schlacht von Harmagedon erwähnt. Viele Bibelausleger bringen sie in Verbindung mit dem in Offb 9,13-19 erwähnten 200-Millionen-Heer, das ebenso wie *die Könige vom Sonnenaufgang* über den Euphrat nach Palästina vordringt.

Sicher sind bei *den Gerüchten vom Osten* aber auch die gläubigen Juden gemeint, die nach der Aufrichtung des Gräuels der Verwüstung zu Beginn der eigentlichen Großen Drangsal gemäß der Anweisung Jesu in Mt 24,15ff. *auf die Berge* geflohen waren, d.h. wahrscheinlich Asyl bei den östlichen Anrainerstaaten Israels gefunden hatten, wie andere Schriftstellen zeigen (vgl. auch Offb 12, wo die *Frau*, ein häufig verwendetes Symbol für Israel, von Gott dreieinhalb Jahre lang *in der Wüste* geschützt und versorgt wird, ähnlich wie Gott für Israel während der vierzigjährigen Wüstenwanderung im Alten Testament sorgte).

Aufgrund dieser Gerüchte von Osten und von Norden her wendet sich das assyrische Heer wieder nach Norden: *Und er wird ausziehen in großem Grimme, um viele zu vernichten und zu vertilgen* (Dan 11,44). Sein *Grimm* gilt vor allem dem mächtigen Staatengebilde in Europa, geleitet von dem *Tier,* dem römischen Alleinherrscher (und seinem »Propagandaminister«, dem Antichristen und Ex-König von Israel), der mit einer riesigen und schlagkräftigen Armee heranrückt, um seine Bündnisverpflichtung an Israel zu erfüllen, vor allem aber, um seine Herrschaft auch auf diesen Teil der Welt zu erweitern. So bereitet sich alles auf die endgültige Konfrontation in der letzten und größten Schlacht der Weltgeschichte vor.

Wenn auch die Motive dieser Konfrontation (politischer, militärischer und wirtschaftlicher Größenwahn, wie fast immer in der Geschichte) relativ klar auf der Hand liegen, macht die Bibel doch deutlich, dass noch etwas Abgründigeres und Grauenhafteres dahinter liegt: All diese Heere werden in Wirklichkeit von dämonischen Mächten geleitet – oder besser »getrieben« –, wodurch sie aber schließlich ihren eigenen Untergang erfahren

– das Ziel des Teufels ist ohne Ausnahme die Zerstörung dessen, der von ihm besessen ist: *Und ich sah aus dem Munde des Drachen und aus dem Munde des Tieres und aus dem Munde des falschen Propheten drei unreine Geister kommen, wie Frösche; denn es sind Geister von Dämonen, die Zeichen tun, welche zu den Königen des ganzen Erdkreises ausgehen, sie zu versammeln zu dem Kriege jenes großen Tages Gottes, des Allmächtigen. ... Und er versammelte sie an den Ort, der auf Hebräisch Harmagedon heißt* (Offb 16,13-16).

Aber wenn auch okkulte Mächte in bis dahin nie da gewesenem Ausmaß am Werk sein mögen, es ist letztendlich immer Gott, der die Fäden in der Hand hält und der selbst bestimmt, wo und zu welchem Zeitpunkt dieses oder jenes Ereignis stattfindet: ***Er** versammelte sie an den Ort ...*

Doch wenn die größte Ansammlung von Armeen, die dieser Planet je erlebt hat, angestachelt von dämonischen Kräften und voll wahnsinnigen Hasses, sich gegenseitig zu vernichten hofft, haben sie ihre Rechnung ohne den König der Könige und Herrn der Herren gemacht. Die Streitkräfte des östlichen Bündnissystems werden *ausziehen in großem Grimm, um viele zu vernichten und zu vertilgen*, die Streitkräfte des westlichen Bündnissystems werden sie mit einer unerhört riesigen und schlagkräftigen Invasionsarmee zu zerstören suchen, aber es wird nicht der *Dritte Weltkrieg* sein, es ist der *Krieg jenes großen Tages* **Gottes,** *des Allmächtigen* (Offb 16,14).

Denn noch ehe die Heere der beiden Bündnissysteme miteinander in Berührung kommen, wird sich plötzlich der Himmel öffnen: Der Vorhang hebt sich zum schon seit Jahrhunderten von vielen erhofften und ersehnten, von anderen aber mit Schrecken befürchteten Gipfelereignis der Weltgeschichte – der sichtbaren Wiederkunft Jesu Christi in Macht und großer Herrlichkeit. Der Unterschied zum ersten Kommen Jesu könnte nicht größer sein:

Damals unerkannt und verachtet, unter denkbar einfachen, ja, elenden und jämmerlichen Umständen in einer Notunterkunft in Bethlehem geboren, jetzt aber nicht mehr unerkannt *– gleichwie der Blitz ausfährt von Osten und scheint bis gen Westen, also wird die Ankunft des Sohnes des Menschen sein* (Mt 24,27). *Siehe, er kommt mit den Wolken, und jedes Auge wird ihn sehen, auch die ihn durchstochen haben, und wehklagen werden seinetwegen alle Geschlechter der Erde* (Offb 1,7). Nicht mehr verachtet und verlassen, sondern verherrlicht und begleitet von Myriaden von Engeln und (inzwischen) auferstandenen Gläubigen aller Zeitalter: *... bei der Offenbarung des Herrn Jesus vom Himmel, mit den Engeln seiner Macht, in flammendem Feuer; wenn er Vergeltung gibt denen, die Gott nicht kennen, und denen, die dem Evangelium unseres Herrn Jesus Christus nicht gehorchen; welche Strafe leiden werden, ewiges Verderben, hinweg vom Angesicht des Herrn und von der Herrlichkeit seiner Stärke, wenn er kommen wird, um an jenem Tage verherrlicht zu werden in seinen Heiligen und bewundert in allen denen, die geglaubt haben* (2Thes 1,7-10).

Die Offenbarung beschreibt dieses Gipfelereignis der Weltgeschichte folgendermaßen: *Und ich sah den Himmel geöffnet, und siehe, ein weißes Pferd, und der darauf saß, genannt Treu und Wahrhaftig, und er richtet und führt Krieg in Gerechtigkeit. Seine Augen aber sind eine Feuerflamme, und auf seinem Haupte sind viele Diademe, und er trägt einen Namen geschrieben, den niemand kennt, als nur er selbst; und er ist bekleidet mit einem in Blut getauchten Gewande, und sein Name heißt: Das Wort Gottes. Und die Kriegsheere, die in dem Himmel sind, folgten ihm auf weißen Pferden, angetan mit weißer, reiner Leinwand. Und aus seinem Munde geht hervor ein scharfes zweischneidiges Schwert, auf dass er damit die Nationen schlage; und* ***er*** *wird sie weiden mit eiserner Rute, und* ***er*** *tritt die Kelter des Weines des Grimmes des Zornes Gottes, des Allmächtigen. Und er trägt auf seinem*

Gewande und auf seiner Hüfte einen Namen geschrieben: König der Könige und Herr der Herren. ...

Und ich sah das Tier und die Könige der Erde und ihre Heere versammelt, Krieg zu führen mit dem, der auf dem Pferde saß, und mit seinem Heere. Und es wurde ergriffen das Tier und der falsche Prophet, der mit ihm war, der die Zeichen vor ihm tat, durch welche er die verführte, welche das Malzeichen des Tieres annahmen und die sein Bild anbeteten – lebendig wurden die zwei in den Feuersee geworfen, der mit Schwefel brennt. Und die Übrigen wurden getötet mit dem Schwerte dessen, der auf dem Pferde saß, welches Schwert aus seinem Munde hervorging (Offb 19,11-16.19-21).

Das also ist das furchtbare Ende der glanzvollen abendländischen Kultur, dies das letztendliche Schicksal des römischen Reiches, des – bis dahin – mächtigsten und dauerhaftesten, das die Erde je sah.

Nun ist endgültig die Grundlage für das Reich der Gerechtigkeit und des Friedens geschaffen, nach dem sich die Völker jahrtausendelang gesehnt haben. Und der Sohn des Menschen richtet nun Seine Herrschaft auf, keine dreihundert- oder tausend- oder zweitausendjährige – Sein Reich ist ewig: *Und ihm wurde Herrschaft und Herrlichkeit und Königtum gegeben, und alle Völker, Völkerschaften und Sprachen dienten ihm; seine Herrschaft ist eine ewige Herrschaft, die nicht vergehen, und sein Königtum ein solches, das nie zerstört werden wird* (Dan 7,13).

Doch bevor das Königreich des Herrn Jesus Christus aufgerichtet werden kann, müssen auch die im östlichen Bündnis vereinigten Armeen zu ihrem Ende kommen. Der Messias wird sie auf der Erde (nicht vom Himmel her wie beim westlichen Bündnis) zusammen mit den aus den umliegenden Staaten zurückgekehrten gläubigen Juden besiegen. Zahlreiche Schriftstellen im Alten Testament sprechen von diesem Aspekt der Wiederkunft des Messias. Beispielhaft sind im Folgenden einige eindrückliche Verse aus Sacharja 9-14 angeführt:

Und kommen wird Jahwe, mein Gott, und alle Heiligen mit dir. ... Und ich werde alle Nationen nach Jerusalem zum Kriege versammeln. ... Und Jahwe wird ausziehen und wider jene Nationen streiten, wie an dem Tage, da er streitet, an dem Tage der Schlacht. Und seine Füße werden an jenem Tage auf dem Ölberge stehen, der vor Jerusalem gegen Osten liegt ... (14,5.2-4).

Denn ich habe mir Juda als Bogen gespannt, mit Ephraim als Pfeil ihn gefüllt; und ich wecke deine Söhne, Zion, auf wider deine Kinder, Jawan, und mache dich wie das Schwert eines Helden. Und Jahwe wird über ihnen erscheinen, und sein Pfeil wird ausfahren wie der Blitz; und der Herr, Jahwe, wird in die Posaune stoßen und einherziehen in Stürmen des Südens. Jahwe der Heerscharen wird sie beschirmen; und sie werden die Schleudersteine (d.h. die Feinde) *verzehren und niedertreten* (9,13-15).

Denn Jahwe der Heerscharen wird seiner Herde, des Hauses Juda, sich annehmen und sie machen wie sein Prachtross im Streite. ... Und sie werden wie Helden sein, die den Kot der Straßen im Kampfe zertreten; und sie werden kämpfen, denn Jahwe ist mit ihnen, und die Reiter auf Rossen werden zuschanden. ... Und Ephraim wird sein wie ein Held ... und die Hoffart Assyriens wird niedergeworfen werden (10,3.5.7.11).

Siehe, ich mache Jerusalem zu einer Taumelschale für alle Völker ringsum; und auch über Juda wird es kommen bei der Belagerung von Jerusalem. Und es wird geschehen an jenem Tage, da werde ich Jerusalem zu einem Laststein machen für alle Völker: alle, die ihn aufladen wollen, werden sich ge-

wisslich daran verwunden. Und alle Nationen der Erde werden sich wider dasselbe versammeln. An jenem Tage, spricht Jahwe, werde ich alle Rosse mit Scheuwerden und ihre Reiter mit Wahnsinn schlagen; und über das Haus Juda werde ich meine Augen offen halten, und alle Rosse der Völker mit Blindheit schlagen. Und die Fürsten von Juda werden in ihrem Herzen sprechen: Eine Stärke sind mir die Bewohner von Jerusalem in Jahwe der Heerscharen, ihrem Gott. An jenem Tage werde ich die Fürsten von Juda machen gleich einem Feuerbecken unter Holzstücken und gleich einer Feuerfackel unter Garben; und sie werden zur Rechten und zur Linken alle Völker ringsum verzehren. ... An jenem Tage wird Jahwe die Bewohner von Jerusalem beschirmen; und der Strauchelnde unter ihnen wird an jenem Tage wie David sein, und das Haus Davids wie Gott, wie der Engel Jahwes vor ihnen her. Und es wird geschehen an jenem Tage, da werde ich alle Nationen zu vertilgen suchen, die wider Jerusalem heranziehen (12,2-9).

Das ist das Ende der Nationen, die unter der Leitung des *Assyrers (König des Nordens)* in dem in Psalm 83 erwähnten Bund zusammengeschlossen sind. Aber der Assyrer hatte ja seine Stärke *nicht durch seine eigene Macht* (Dan 8,24). Was geschieht mit dem hinter ihm stehenden, noch weit mächtigeren Herrscher *im äußersten Norden*, der sich bis jetzt im Hintergrund gehalten hat? Hes 38 und 39 beschreiben ausführlich sein Schicksal:

Siehe, ich will an dich, Gog, Fürst von Rosch, Mesech und Tubal. Und ich werde dich herumlenken und Haken in deine Kinnbacken legen; und ich werde dich herausführen und dein ganzes Heer, Rosse und Reiter, allesamt prächtig gekleidet, eine große Schar mit Schild und Tartsche, welche Schwerter führen allesamt: Perser, Äthiopier und Put mit ihnen, allesamt mit Schild und Helm; Gomer und alle seine Haufen, das Haus Togarma im äußersten Norden und alle seine Haufen; viele Völker mit dir. Rüste dich und rüste dir zu, du und alle deine Scharen, die sich zu dir versammelt haben, und sei ihr Anführer! ... Und es wird geschehen an jenem Tage, da werden Dinge in deinem Herzen aufsteigen, und du wirst einen bösen Anschlag ersinnen und sprechen: Ich will hinaufziehen in das Land der offenen Städte, will über die kommen, welche in Ruhe sind, in Sicherheit wohnen, die allesamt ohne Mauern wohnen und Riegel und Tore nicht haben; um Raub zu rauben und Beute zu erbeuten, um deine Hand zu kehren gegen die wieder bewohnten Trümmer und gegen ein Volk, das aus den Nationen gesammelt ist, welches Hab und Gut erworben hat, welches den Mittelpunkt der Erde bewohnt. ... Und du wirst von deinem Ort kommen, vom äußersten Norden her; du und viele Völker mit dir, auf Rossen reitend allesamt, eine große Schar und ein zahlreiches Heer. ... Und es wird geschehen an selbigem Tage, an dem Tage, wenn Gog in das Land Israel kommt, spricht der Herr, Jahwe, da wird mein Grimm in meiner Nase aufsteigen. Und in meinem Eifer, im Feuer meines Zornes habe ich geredet: Wahrlich, an selbigem Tage wird ein großes Beben sein im Lande Israel! Und es werden vor mir beben die Fische des Meeres und die Vögel des Himmels und die Tiere des Feldes und alles Gewürm, das sich auf dem Erdboden regt, und alle Menschen, die auf der Fläche des Erdbodens sind; und die Berge werden niedergerissen werden, und die steilen Höhen werden einstürzen, und jede Mauer wird zu Boden fallen. Und ich werde nach allen meinen Bergen hin das Schwert über ihn herbeirufen, spricht der Herr, Jahwe; das Schwert des einen wird wider den anderen sein. Und ich werde Gericht an ihm üben durch die Pest und durch Blut; und einen überschwemmenden Regen und Hagelsteine, Feuer und Schwefel werde ich regnen lassen auf ihn und auf seine Haufen und auf die vielen Völker, die mit ihm sind. ... Und ich werde dich herumlenken und herbeiführen, und dich heraufziehen lassen vom äußersten Norden her, und dich auf die Berge Israels bringen. Und ich werde dir den Bogen aus deiner linken Hand schlagen und deine Pfeile aus deiner rechten Hand werfen. Auf den Bergen Isra-

els wirst du fallen, du und alle deine Haufen und die Völker, die mit dir sind; den Raubvögeln allerlei Gefieders und den Tieren des Feldes habe ich dich zur Speise gegeben; auf dem freien Felde sollst du fallen. Denn ich habe geredet, spricht der Herr, Jahwe der Heerscharen (Hes 38,3-7.10-12.15.18-22; 39,2-5).

Mit dem Gericht über dieses mächtige Reich *im äußersten Norden* ist das letzte Hindernis für die endgültige Aufrichtung der Friedensherrschaft Jesu Christi aus dem Weg geräumt. Nun ist erfüllt, was unter der siebten Posaune in Offb 11 angekündigt wurde: *Das Reich der Welt unseres Herrn und seines Christus ist gekommen, und er wird herrschen von Ewigkeit zu Ewigkeit. ... Wir danken dir, Herr, Gott, Allmächtiger, der da ist und der da war* (man beachte: Es heißt nicht mehr wie in Offb 1,8 »und der da kommt«, denn Er ist nun endgültig gekommen!), *dass du angenommen hast deine große Macht und angetreten deine Herrschaft* (Offb 11,15.17).

Das Ziel Gottes mit dieser Erde ist erfüllt – ein Mensch, vollkommen in Einklang mit Gott, herrscht über diese Welt. Was Adam hätte sein sollen, und worin er und alle seine Nachkommen versagt haben, ist in dem Gott-Menschen Jesus Christus Wirklichkeit geworden. Er, in dem alle Pläne Gottes ihre Erfüllung finden, herrscht als vollkommener Mensch königlich über diese Erde, zur Verherrlichung Gottes und zum Lob Seiner wunderbaren Ratschlüsse, zur Freude und zum Glück der dann lebenden Menschen. Dann wird endlich allen klar sein, dass Frieden und Wohlfahrt, ja, alles erdenkbare Gute, einzig und allein in dem König der Könige zu finden ist. Er, der einmal auf Golgatha eine Dornenkrone trug und sein Blut für uns vergoss, ist der Einzige, der uns retten kann vor den unsagbar grauenhaften Gerichten, die denen bevorstehen, die Seine zur Versöhnung ausgestreckte Hand ausschlagen.

KAPITEL 7

Was tun?

Surrender your crown
on this blood-stained ground,
take off your mask.
He sees your deeds,
He knows your needs,
even before you ask.
How long can you falsify
and deny what is real?
How lang can you hate yourself
for the weakness you conceal?

Lief're aus deine Krone
auf diesem blutgetränkten Boden,
nimm deine Maske ab.
Er sieht deine Taten,
er kennt deine Nöte,
sogar ehe du Ihn anflehst.
Wie lange kannst du verfälschen
und verleugnen, was wirklich ist?
Wie lange kannst du dich selbst hassen
für die Schwachheit, die du verbirgst?

Bob Dylan, »*When He Returns*«

Ich hoffe, es ist in diesem Büchlein deutlich geworden, dass es erstens echte Prophetie (d.h. unzweideutige Voraussagen für die Zukunft) gibt, dass zweitens die Aussagen der Bibel echte Prophetie sind, was eindeutig ihre göttliche Eingebung beweist, und dass die Bibel drittens deutlich zeigt, wohin die Weltgeschichte läuft, d.h. was auf die Welt im Allgemeinen und die Einzelpersonen im Besonderen zukommen wird. Ohne zu spekulieren, kann gesagt werden, dass heute, im

Frühjahr 2006, der Gang der Geschehnisse Züge aufweist, die immer deutlicher das Profil hervortreten lassen, wie es uns die Bibel für die so genannte Endzeit unmittelbar vor der Wiederkunft Jesu Christi beschreibt.

Von daher ist die Frage berechtigt und verständlich, ob es überhaupt eine Möglichkeit gibt, diesen Gerichten zu entfliehen. Diese Frage kann natürlich allein die Bibel autoritativ beantworten. Wenn sie Gottes Wort ist und über die Zukunft wahre Aussagen macht, dann genauso und erst recht darüber, wie ein Mensch vor dem Gericht Gottes gerettet werden und in eine persönliche Beziehung zu Ihm treten kann.

Es war niemals Gottes Absicht, die Menschen in Gericht und Verdammnis zu stürzen, Er wollte in einer Gemeinschaft der Liebe mit ihnen leben:

So wahr ich lebe, spricht der Herr, Jahwe, ich habe kein Gefallen am Tode des Gesetzlosen, sondern dass der Gesetzlose von seinem Wege umkehre und lebe! Kehret um, kehret um von euren bösen Wegen! Denn warum wollt ihr sterben? (Hes 33,11).

Dies ist gut und angenehm vor unserem Retter-Gott, welcher will, dass alle Menschen gerettet werden und zur Erkenntnis der Wahrheit kommen (1Tim 2,3-4).

Er ist langmütig gegen euch, da er nicht will, dass irgendwelche verloren gehen, sondern dass alle zur Umkehr kommen (2Petr 3,9).

Diese Rettung, gerade auch vor dem kommenden Tag des Zornes Gottes, ist aber einzig und allein möglich durch Jesus Christus, den Gott als Retter gesandt hat:

Jesus, der uns errettet von dem kommenden Zorn (2Thes 1,10).

Und du sollst seinen Namen Jesus (d.h. Retter) *heißen, denn er wird sein Volk erretten von ihren Sünden* (Mt 1,21).

Und es ist in keinem anderen die Rettung, denn auch kein anderer Name ist unter dem Himmel, der unter den Menschen gegeben ist, in welchem wir errettet werden müssen (Apg 4,12).

Durch Jesus Christus möchte uns Gott nicht nur vor den kommenden furchtbaren Gerichten oder der ewigen Verdammnis in der Hölle bewahren – Er bietet uns ewiges, überströmendes Leben in immer währender Liebesgemeinschaft an mit Ihm, dem liebevollsten, größten und herrlichsten Wesen, das existiert!

Denn also hat Gott die Welt geliebt, dass er seinen eingeborenen Sohn gab, auf dass jeder, der an ihn glaubt, nicht verloren gehe, sondern ewiges Leben habe (Joh 3,16).

Wahrlich, wahrlich, ich sage euch: Wer mein Wort hört und glaubt dem, der mich gesandt hat, hat ewiges Leben und kommt nicht ins Gericht, sondern er ist aus dem Tode in das Leben übergegangen (Joh 5,24).

Ich bin gekommen, auf dass sie Leben haben und es in Überfluss haben (Joh 10,10).

Von der Erfahrung dieses beglückenden, überströmenden Lebens in Gemeinschaft mit Gott trennen uns aber unsere Sünden, denn Gott kann unmöglich mit der Sünde gemeinsame Sache machen:

Siehe, die Hand Jahwes ist nicht zu kurz, um zu retten, und sein Ohr nicht zu schwer, um zu hören; sondern eure Missetaten haben eine Scheidung gemacht zwischen euch und eurem Gott, und eure Sünden haben sein Angesicht vor euch verhüllt (Jes 59,1.2).

Denn alle haben gesündigt und erreichen nicht die Herrlichkeit Gottes (Röm 3,23).

Wenn diese von der Sünde verursachte Trennung von Gott (und das gilt für absolut *jeden* Menschen) nicht in diesem Leben durch eine bewusste Auslieferung an Jesus Christus aufgehoben wird, ist die unwiderrufliche Folge endgültige, ewige Trennung von Gott in der ewigen Verdammnis:

Der Lohn der Sünde ist der Tod (Röm 6,23).

Dies ist der zweite Tod, der Feuersee. Und wenn jemand nicht geschrieben gefunden wurde in dem Buche des Lebens, so wurde er in den Feuersee geworfen (Offb 20,14.15).

... die dem Evangelium unseres Herrn Jesus Christus nicht gehorchen; welche Strafe leiden werden, ewiges Verderben hinweg vom Angesicht des Herrn und von der Herrlichkeit seiner Stärke (2Thes 1,8-9).

Deswegen ist es für jeden Menschen eine gebieterische Notwendigkeit, dass er umdenkt und umkehrt, d.h. Kapitulation vor der Realität Gottes und Anerkennung des eigenen Zustandes. Rettung wird möglich, wenn sich jemand diese Tatsachen in seiner tiefsten Persönlichkeit zu Eigen macht und auf sich selbst anwendet:

So denkt nun um und bekehret euch, dass eure Sünden ausgetilgt werden, damit Zeiten der Erquickung kommen vom Angesicht des Herrn (Apg 3,19).

Nachdem nun Gott die Zeiten der Unwissenheit übersehen hat, gebietet er jetzt den Menschen, dass sie alle allenthalben umkehren sollen, weil er einen Tag gesetzt hat, an welchem er den Erdkreis richten wird in Gerechtigkeit durch einen Mann, den er dazu bestimmt hat, und hat allen den Beweis davon gegeben, indem er ihn auferweckt hat aus den Toten (Apg 17,30.31).

Dieses Angebot Gottes, uns die Sünden zu vergeben und uns zu retten, hat einen hohen Preis gekostet – der Sohn Gottes starb für uns und hat an unserer Stelle gelitten:

... welcher selbst unsere Sünden an seinem Leibe auf dem Holze getragen hat, auf dass wir, den Sünden abgestorben, der Gerechtigkeit leben (1Petr 2,24).

Denn es hat ja Christus einmal für Sünden gelitten, der Gerechte für die Ungerechten, auf dass er uns zu Gott führe (1Petr 3,18).

Jesus Christus, Gott und zugleich Mensch, ist die einzige Person im Universum, die für diese Mittlerrolle geeignet und fähig ist, den von Gott getrennten Menschen wieder in eine Beziehung zu Ihm zu bringen:

*Denn Gott ist **einer**, und **einer** Mittler zwischen Gott und Menschen, der Mensch Christus Jesus, der sich selbst gab zum Lösegeld für alle* (1Tim 2,5).

Vielleicht taucht die Frage auf, wie es möglich ist, dass Gott unsere Sünden auf Christus legen bzw. gelegt haben kann. Hier hilft ein Beispiel: Die allerwenigsten verstehen so viel von Biochemie, dass sie genau verstehen und erklären könnten, wie die täglich aufgenommene Nahrung vom Körper in Energie und Aufbaustoffe umgesetzt wird, d.h. wie es kommt, dass wir am Leben bleiben, weil wir essen. Kaum jemand weiß, *wie* es funktioniert, aber wir wissen aus Erfahrung, *dass* es funktioniert, und glücklicherweise ist biochemisches Fachwissen zum Überleben nicht notwendig. Ebenso ist es für uns schwierig oder unbegreiflich, *wie* Gott uns durch Jesus Christus retten kann – entscheidend für uns aber ist, *dass* Er es kann und tut, wenn wir Ihm vertrauen. Er hat es in Seinem Wort, der Bibel, versprochen. Von uns aus können wir überhaupt nichts dazutun. Das Einzige, was Gott von uns erwartet, ist, dass wir glauben (d.h. darauf vertrauen, uns darauf verlassen), dass Er in *Seiner* Gnade alles schon getan hat, und *unsere* Werke dem kein Milligramm hinzufügen können:

Denn durch die Gnade seid ihr errettet, mittels des Glaubens; und das nicht aus euch, Gottes Gabe ist es; nicht aus Werken, auf dass niemand sich rühme (Eph 2,8-9).

Als aber die Güte und Menschenliebe unseres Retter-Gottes erschien, errettete er uns, nicht aus Werken, die, in Gerechtigkeit vollbracht, wir getan hatten, sondern nach seiner Barmherzigkeit durch die Waschung der Wiedergeburt und Erneuerung des Heiligen Geistes, welchen er reichlich über uns ausgegossen hat durch Jesus Christus, unseren Erretter, auf dass wir, gerechtfertigt durch ***seine*** *Gnade, Erben würden nach der Hoffnung des ewigen Lebens* (Tit 3,5-7).

Wenn Gott uns retten kann, dann ausschließlich in der Person und durch das Werk Seines Sohnes, nie und nimmer durch irgendetwas, was wir sind oder getan haben. Die Errettung und das ewige Leben sind ausschließlich und völlig in *Christus* und Seinem Werk zu finden:

Jesus spricht zu ihm: Ich bin der Weg und die Wahrheit und das Leben. Niemand kommt zum Vater, als nur durch mich (Joh 14,6).

Und dies ist das Zeugnis: dass Gott uns ewiges Leben gegeben hat, und dieses Leben ist in seinem Sohne. Wer den Sohn hat, hat das Leben; wer den Sohn Gottes nicht hat, hat das Leben nicht (Joh 5,11-12).

Ich tue euch aber kund, Brüder, das Evangelium, das ich euch verkündigt habe, das ihr auch angenommen habt, in welchem ihr auch stehet, durch welches ihr auch errettet werdet ... dass Christus für unsere Sünden gestorben ist, nach den Schriften ... (1Kor 15,1-4).

Nun geschieht die Rettung eines Menschen nicht durch ein ständiges Nachgrübeln und Reflektieren darüber, wie eine solche Rettung wohl möglich sei. Wir leben nicht davon, dass wir unser Frühstücksbrötchen sezieren und chemisch analysieren und dann einen Tag lang über seine Bestandteile meditieren, sondern indem wir es schlicht und einfach essen, d.h. in uns aufnehmen und es dem Schöpfer überlassen, wie die chemischen Bestandteile des Brötchens zu Bestandteilen unseres Körpers werden. Ebenso müssen wir auf Christus vertrauen und Ihn in unser Herz und Leben *aufnehmen*:

Er kam in das Seinige, und die Seinigen nahmen ihn nicht an; soviele ihn aber aufnahmen, denen gab er das Recht, Kinder Gottes zu werden, denen, die an seinen Namen glauben (Joh 1,11.12).

Siehe, ich stehe an der Tür und klopfe an; wenn jemand meine Stimme hört und die Tür auftut, zu dem werde ich eingehen (Offb 3,20).

Auf Christus vertrauen heißt aber auch, Seinen Herrschaftsanspruch in allen Bereichen unseres Lebens anzuerkennen:

Denn sei es, dass wir leben, wir leben dem Herrn; sei es, dass wir sterben, wir sterben dem Herrn. Sei es nun, dass wir leben, sei es, dass wir sterben, wir sind des Herrn. Denn hierzu ist Christus gestorben und wieder lebendig geworden, auf dass er herrsche sowohl über Tote als über Lebende (Röm 14,8-9).

Ein solches Leben im Bewusstsein der Vergebung der Sünden und der ewigen Errettung ist das Beglückendste, was man sich vorstellen kann. Dem zu dienen, der ein doppeltes Recht auf unser Leben hat, weil Er unser Schöpfer und durch Sein für uns vergossenes Blut auch unser Retter ist, erfüllt die tiefste Sehnsucht eines Menschen und gibt vollkommene Freude. Zahllose bekannte und weniger bekannte Persönlichkeiten aller Zeitepochen haben das erfahren, und der Autor dieser Zeilen kann es nach über 30 Jahren des Lebens mit Jesus als seinem Retter und Herrn auch selbst bezeugen.

Beispielhaft sei hier der in Kapitel 1 erwähnte Robert D. Wilson (1856-1930) genannt, einer der größten Gelehrten seiner Zeit, dessen Entscheidung, sein Leben der gründlichen Erforschung des Alten Testaments zu widmen, eine vielleicht weniger spektakuläre, aber umso wichtigere Entscheidung vorausging: die Entscheidung, seine Seele und sein Leben Jesus Christus anzuvertrauen und Ihn als Retter und Herrn anzuerkennen. Diese Grundlage seiner Existenz kam in seinem Leben immer wieder zum Ausdruck. So war es für seine Studenten ein unvergesslicher Augenblick, als der berühmte Gelehrte nach einem Vortrag über die vollkommene Zuverlässigkeit der Heiligen Schrift mit Tränen in den Augen sagte: *Ihr jungen Leute, es gibt viele Geheimnisse in diesem Leben, von denen ich nicht behaupte, sie zu verstehen, vieles, das schwer zu erklären ist. Aber ich kann euch heute Morgen mit der absolutesten Gewissheit sagen, dass wahr ist, was ein Kinderlied sagt: »Jesus liebt mich, das weiß ich gewiss, denn die Bibel sagt mir dies.«*

Wir müssen diese Entscheidung für Christus treffen. *Gott gebietet den Menschen, dass sie alle allenthalben umdenken und umkehren* (Apg 17,30).

Denn »keine Entscheidung« ist auch eine Entscheidung – und Hinauszögern kann bereits der erste Schritt in den Abgrund sein. Denn der Sog der Verführung und satanischen Manipulation wird von Tag zu Tag stärker, die Entscheidung für

Christus verlangt Woche für Woche mehr Energie. Schon ist die Bühne nahezu fertig. Die Kulissen stehen bereit. Jeden Augenblick kann sich der Vorhang heben für den letzten Akt der Weltgeschichte, wenn der römische Gewaltherrscher und sein teuflischer Propagandaminister, der Antichrist, die Menschen dermaßen manipulieren werden, dass einem der bloße Gedanke daran das Blut in den Adern gefrieren lässt. Dann ist es für eine Entscheidung zu spät, die Manipulation zu groß, der Sog zu stark, um noch psychischen Widerstand leisten zu können: »… *ihn* (den Antichristen), *dessen Ankunft nach der Wirksamkeit des Satans ist, in aller Macht und allen Zeichen und Wundern der Lüge und in allem Betrug der Ungerechtigkeit denen, die verloren gehen, darum, dass sie die Liebe zur Wahrheit nicht annahmen, damit sie errettet würden. Und deshalb sendet ihnen Gott eine wirksame Kraft des Irrwahns, dass sie der Lüge glauben, auf dass alle gerichtet werden, die der Wahrheit nicht geglaubt, sondern Wohlgefallen gefunden haben an der Ungerechtigkeit*« (2Thes 2,9-12). Damit wird die Dringlichkeit deutlich, hier und jetzt eine Entscheidung zu treffen, heute *die Liebe zur Wahrheit anzunehmen, um errettet zu werden*. Morgen schon kann die Kraft der Lüge so groß sein, dass die Menschen im Strudel satanischen Irrwahns mit fortgerissen werden!

Siehe, jetzt ist die wohlangenehme Zeit, siehe, jetzt ist der Tag der Errettung (2Kor 6,2).

Heute, wenn ihr meine Stimme höret, verhärtet eure Herzen nicht (Hebr 3,7).

When a man he serves the Lord,
it makes his life worthwhile.
It don't matter 'bout his position,
it don't matter 'bout his lifestyle.
Talk about perfection,
I ain't never seen none
and there ain't no man righteous, no not one.

God got the power, man got his vanity,
man gotta choose before God can set him free.
Don't you know there's nothing new that's under the sun?
And there ain't no man righteous, no not one.

When I'm gone don't wonder where I be.
Just say that I trusted in God and that Christ was in me.
Say He defeated the devil, He was God's chosen Son
and there ain't no man righteous, no not one.

Wenn jemand dem Herrn dient,
dann macht das sein Leben lebenswert.
Gleichgültig, was seine Stellung ist,
gleichgültig, wie sein Lebensstil aussieht.
Man redet von Vollkommenheit,
aber ich habe noch nie was davon gesehen
und da ist kein Gerechter; nein, auch nicht einer.

Gott hat die Macht, der Mensch seine Eitelkeit,
der Mensch muss sich entscheiden,
ehe Gott ihn befreien kann.
Weißt du's nicht: Es gibt nichts Neues unter der Sonne?
Und da ist kein Gerechter, nein, auch nicht einer.

Wenn ich nicht mehr hier bin,
frag dich nicht, wo ich dann bin.
Sag einfach, dass ich mein Vertrauen
auf Gott gesetzt habe und dass Christus in mir war.
Sag: Er hat den Teufel besiegt,
Er war Gottes auserwählter Sohn,
und da ist kein Gerechter, nein, auch nicht einer.

Bob Dylan, »*Ain't No Man Righteous, No Not One*«

CLV

William MacDonald
Kommentar zum NT

Hardcover

1488 Seiten
ISBN 3-89397-378-8

Bei diesem Vers-für-Vers-Kommentar geht es dem bekannten Autor vor allem darum, die Person Jesu Christi großzumachen, Zusammenhänge der Schrift zu verdeutlichen, die Gedanken Gottes darzulegen und so Auslegung mit Auferbauung zu verbinden. Daher sind die Ausführungen stets praxisbezogen und erfrischend zu lesen. Schwierige Bibelstellen werden nicht einfach übergangen, sondern ausführlich erklärt, und wichtige Themen in Exkursen behandelt.

clv

Taschenbuch

Roger Liebi
Der verheißene Erlöser

128 Seiten
ISBN 3-89397-543-8

In diesem Buch wird geschichtlich beweiskräftig belegt, dass sich die Prophezeiungen des Alten Testaments im historischen Jesus von Nazareth wortwörtlich erfüllt haben. Das Neue Testament zeigt, dass durch die messianische Prophetie »bewiesen« werden kann, dass Jesus der prophezeite Messias ist.

clv

Taschenbuch

Wolfgang Bühne
Wenn Gott wirklich wäre ...

128 Seiten
ISBN 3-89397-755-4

Ein evangelistisches Buch mit vielen Beispielen, Zitaten und aktuellen Bezügen aus dem Lebensalltag. Der Autor macht deutlich, dass die Tatsache der Existenz Gottes vernünftige und einleuchtende Antworten auf die tiefsten Fragen unseres Lebens gibt. Denn wenn Gott wirklich wäre, »... dann hat Sünde nicht nur etwas mit Flensburg zu tun«, »... dann ist das Kreuz mehr als ein Modeschmuck«, »... dann ist Gnade kein Ausverkaufsartikel der Kirche«. So heißen einige der Kapitel, in denen die zentralen Themen des Evangeliums leicht verständlich und in zeitgemäßer Sprache dargestellt werden. Zur Weitergabe an junge und erwachsene Außenstehende jeder Bildungsschicht gut geeignet.